世界已經回不去了，

學會放棄才有轉機

「やめる」という選択

澤圓 MADOKA SAWA ——著

陳聖怡——譯

前言
給被工作追著跑又無法放手的你

你對「放棄」這個詞有什麼印象呢？會解讀成「死心」「斷念」「失去」這些意思的人，應該出乎意料地多吧。

這本書就是專為將「放棄」一詞解釋成負面意思，害得自己心神不寧的人所寫的。

總覺得自己彷彿被拋入時代變化的浪潮，感到焦慮不安，開始覺得自己過去通用的行事手法變得有點不太管用，或是覺得現在這份工作有些不對勁。明明已經很努力做好眼前的事情了，但是一回神，才察覺自己竟然深陷於沒那麼喜歡的工作和生活模式裡。

「這樣下去不行！」縱使你奮發起來，打算學習新的技能，卻又因為生活忙碌而抽不出時間，也不再像以往一樣精力充沛……

在現代，似乎很多人都有這種感覺。許多人都把「放棄」想得太極端、太悲觀，「不是零就是一百」「全心奉獻，否則就離開」「非敵即友」，始終拘泥於這種對立的二分法。**我希望大家都能夠脫離「應當……否則……」的偏見。本書想要傳達的，就是擺脫這種思維的「放棄」方法論**。

當然，這種思維的背後一定包含了**「希望人生更美好」「不想放棄」「肯定還有更適合自己的生活方式」這些積極樂觀的心態**。

但是，當我們準備開始行動時，卻會遭受各種阻礙，導致事情無法盡如人意。這是為什麼呢？

我發現，問題就出在我們長年下來，不知不覺累積而成的**人生「沉沒成本」**（Sunk Cost）。

什麼是沉沒成本？沉沒成本是出自經濟學的概念，意思是「對某種經濟行為付出成本，但不論採取何種對策都無法回收」，如果該經濟行為持續下去，成本的損失恐怕會更加擴大。

本書引用這個概念作為關鍵字，簡單來說，它是指當我們持續執行過去可以順利通用的思維和方法時，思考模式就會固定在過去，結果在不知不覺中，思維就侷限在過去的延長線上、無法跳脫的狀態。

換成我個人的說法，**這種思維和行為模式可以套用的句型就是「好不容易都……了」**。

「好不容易都努力到今天了。」
「好不容易都進入大企業上班了。」
「好不容易都走到這一步了。」

這種想法彷彿一道「重擔」壓在你身上，在不知不覺中變成害你的人生停滯不前的成本。

因此，我想要幫助那些覺得「都這麼努力了，為何還是沒有成功」的人，找出他們自己的沉沒成本，並且逐漸將成本歸零。此時最關鍵的思考和行動，正是「放棄」這個選項。

我們大可擺脫「應當」，重獲自由

「放棄」並沒有那麼難。雖然要一下子改變過去長久以來持續至今的事，的確會非常辛苦，不過我們可以像是一點一點放下壓在心頭的那個「重擔」一樣，慢慢地放棄。

比方說，你可以抽點時間回顧自己平常的行動，找出那些讓你覺得「不做好像也沒關係」的事情，然後從中選出一件放棄去做。

你也許可以將自己不擅長的工作委託給其他擅長的人，或是婉拒過去總是基於義務而參加的例行聚會，**只要從自己能力範圍內的「小小行動」開始做起就好了**。

本書會提出許多具體的方法，介紹哪些事情可以用什麼方式慢慢放棄，不過最重要的，還是**下定決心「放棄」從以前到現在理所當然一直在做的某件事，從根本逐漸改變自己行為的態度**。

如果你仍繼續做著和以前一樣的事，那不管過了多久，都是在原地踏步。說白一點，既然這些事情是沉沒成本，狀況可能只會不斷惡化下去。

在你還沒「沉沒」在過去的人生以前，必須趕快趁現在改變你原有的思考和行為。

選擇「放棄」，就能遇見全新的自己。全新的自己，就是**能夠滿懷期望度過每一天**的自己，**能夠做著自己真心喜愛的事**、**將一整天都過得很充實**的自己，**能夠與各式各樣的人對等交流**、**享受富足時光**的自己——這樣才能帶領你走向「幸福的生活之道」。

我相信，每一個人都能夠走向這樣的人生。

為了充分品味這段不能重來的人生，就光明正大地選擇「放棄」吧。

目次

CONTENTS

第1章 將人生「無形的重擔」具體化

第2章 以「自我中心策略」活出精采

第3章 放棄的技術

物品・金錢・時間

執著・窠臼・成功經驗

夢想・目標

第4章 成為理想中的自己

序章

忠於自己的生存之道——放棄，也是個選項

疫情造成的本質性變化

「新冠肺炎改變了全世界。」

現在大多數人都有這種感覺，也經常在新聞媒體上看見、聽見類似的說法。

那，它究竟改變了世界的「什麼」？我們又是怎麼改變的呢？

請各位稍微回想一下，我們平常居住的地方、城鎮，與以往相比變成了什麼樣子。或許絕大部分的景色都沒什麼改變吧。

確實，在新冠肺炎疫情擴大以後，街道上的行人數量減少了。幾乎所有的人都戴上口罩，走進室內設施時，會看到置放門口的酒精等消毒設備，大家紛紛保持社交距離地排隊或坐下，櫃檯窗口擺了壓克力隔板……這樣一一羅列出來，似乎各方面都真的和以前不一樣了。

即使如此，我們在街頭所見的景色和模樣，卻沒有太顯著的變化。消毒酒精和口罩並不是什麼新奇的東西，銀行和醫院櫃檯從以前就會設置壓克力隔板。乍看之下，

「街頭景象」和過去並沒有太大的差別。

一直以來我都會把這種事實，當作是掌握現狀的一個線索。

那究竟是「什麼」改變了？

是**我們的意識**。

這場疫情讓全世界同時捲入災難中。對它沒有免疫力的人類在無計可施、只能求助口罩保護下，內心自然湧現不安和恐懼。原本理所當然擁有的自由遭到半強制性的限制，令人備感無力。世界各地發生對亞洲人的偏見、歧視、暴力行為，也有部分國民不願意配合戴口罩，或是任意跨縣市趴趴走，造成徒勞無益的糾紛。

病毒、偏見、歧視、地位差距，以及暴力……這些**無形的東西造就的不安和恐懼，深深埋進我們的潛意識裡，讓我們的世界在不知不覺中又更進一步、朝著分裂前進**。

如果各位以為只要這場疫情結束，就能回歸到以往的生活，我不得不說這種可能性實在很低。

當然，在疫情爆發之前屬於常態的行為，應該還是會恢復到某種程度。只是我們的心理上，還能像從前那樣什麼都不必在意、輕鬆到各個國家旅遊嗎？

我們還能前往人群密集的地方，在那裡盡情喧囂、放縱情緒嗎？

我們還能像以前一樣享受廟會和各種活動嗎？還能在會議室和尖峰時段的捷運上長時間地人擠人嗎？

當然，這樣的生活行為並不會消失，但我們會在無意識中迴避這些狀況，繼續像平常一樣工作過活。

此外，生活方式和工作的型態，也會隨之逐漸改變吧。最後，我們終究會慢慢習慣這樣的世界。

不過，這當中最重要的，是一個**嚴峻的事實——即使我們已經習慣這樣的新生活，也「不代表這個世界已經恢復原狀」**。

世界已經回不去了

這個席捲全世界根本上的改變，就是**大重設**（Great Reset）。**在距今約25年前也曾發生過，就是網際網路的問世**。

和這次的新冠疫情一樣，在網路的草創時期，我們所見的景色和以前的時代相比，並沒有太大的變化。但是，家庭和辦公場所慢慢開始設置電腦，後來普及到幾乎人人都有一部電腦的程度，家裡除了電視以外，還有其他螢幕的情況已經成為常態。

在街上拿著手機講電話的人變多了，一搭上公共運輸工具，以前同車的乘客都是在看報紙或漫畫，如今都低著頭在傳訊息、逛網站或是玩手遊。用手機拍照，也陸續衍生出全新的行動模式和文化。

世界的**「外觀」開始改變了**。

以全球的觀點來看，網路的普及速度極其快速，但就一般人的生活水平而言，卻是經過階段性的演變，對許多人來說幾乎是沒什麼感覺就自然接受了。

而且，接受網路這件事也沒什麼負面元素，有了它，生活要比以往更便利，樂趣也更多，給人很酷炫的印象。

可以說，**我們都以樂觀積極的心態接受了這個大重設**。

然而，在25年後的這場重設，世界的外觀幾乎沒變，但是卻會危害生命、各方面都受限的負面元素非常多，是一種無法讓人輕易接受的變化。

除了部分國家以外，越是宣揚自由和民主主義的國家，疫情就越嚴重，而我認為這是一種象徵。事實上越能做到專制管理的國家，也越能控制疫情的擴散，於是全世界再度開始陷入不同理念激烈衝突的狀態。

從個體現象發展到宏觀的動向，每當我從各種階層推測疫情後的世界時，無論如何都只會得到一個結論。

那就是「世界已經回不去了」。

只有採取行動的人才會察覺到的事

在2020年春季，日本發布緊急事態宣言期間，我有一件不得不出門的急事，於是在夜晚開車上了路。結果，原本喧囂不已的東京夜晚，街上居然一個人影也沒有，呈現出「外觀」徹底改變的異樣光景。

我從以前就在很多場合告訴過大家，科技的存在是為了「以假想的方式解決時間和空間的乖離」。

解決「空間」課題原本是科技的存在意義，但是**從某種意義來說，新冠肺炎完全破壞了這個狀況**。

在病毒肆虐的世界裡，不論開發出多少可以在空間內快速、方便移動的科學技術，當移動本身受到限制時，這些都毫無用武之地。

從以前開始，就有部分學者和經營者指出，突發的傳染病疫情會造成社會混亂，但絕大多數的人都沒有做好準備和覺悟。所以，疫情初期才會一直維持著空蕩蕩的飛機和列車、按時在空間中移動的狀態。

但是，透過網路「不須通勤工作」的模式卻能因應這個狀況，人們可以在網路上配合彼此的時間、互相提供服務。

我開車奔馳在疫情肆虐下夜晚的東京，突然領悟到一件事。看著車窗外的光景，我發現**會感覺到「異常」的，只有實際體驗過的人而已**。

夜晚的街頭沒有人跡，這是只要在家看新聞報導就能知道的事，並不是透過自己的身體和感官而有的實際感受和體會。而且，家裡的景象一如往常，充其量不過是待在家裡的時間變長了，**「外觀」幾乎沒有改變**才對。

這是一種悖謬。

親身感受過疫情肆虐下「夜晚異常外觀」的，只有身不由己必須外出的人，而這些人算是極少數。那種獨自置身在「空間」裡的感受，終究只有實際體驗過的人才能了解。

總之我想說的是，不管是什麼事情，都是「只有實際行動的人才會察覺」。在強制重設的時代，難道不是只有實際上採取全新的行動、有所感覺和有所體驗的人，才能得到全新的發現嗎？這就是我的感想。

疫變造成人們「停止思考」的原因

雖然發生了疫情這個強大的重設效應，但現在依然有很多人無法接受這個現實。甚至還有人說「這只是比較嚴重的感冒，打了疫苗就會復元了」。從現象來看，這麼說的確沒有錯。

但是，既然我們的意識已經改變，世界就不會再恢復原狀了。我覺得如果不能自己實際體會確認這件事的話，應該很難承認世界已經從根本上改變的現實。

或許因為這是個很悲觀的變化，又或許是受到內心的排斥和不安影響……原因有百百種，不過可以確定的是，現在大眾還不容易認知到世界正在重設。這樣下去會怎麼樣呢？

思考會變成只侷限在自己「過去」經驗的延長線上。本書就是將這個現象視為容易變成「沉沒成本」的思考，加以分析。

「我都已經這麼努力經營到現在了。」

「我已經靠這個作法度過好幾次危機了。」

這些想法，都是來自於**過去種種令人難忘又不願割捨的成功經驗**。

從商務人士的觀點來看，這就是將自己放在過往資歷的延長線上，總是猶豫著要不要重新設定自己，才無法踏出新的一步。

舉個例子來說，新冠肺炎重創了許多觀光產業和餐飲業，尤其是觀光產業，先前景氣一片大好，是因為預估會有越來越多旅客入境觀光。而他們仰賴的收入來源，就這麼突然中斷了。人數明顯成長的亞洲各國觀光客一夕之間不再到訪日本，任誰也想不到會發生這種事，這種令人無可奈何的狀況。

不過，**最重要的還是「今後該怎麼辦」**。

然而，只做觀光客生意的人，無論如何一定都會想著「應該怎麼做才能恢復原狀」。

但是，這種情況下光靠個人或單一企業再怎麼努力，已經徹底改變的世界也不可能再復元了。

而且，就算希望海外顧客能夠回流，「病毒會怎麼演變？」「要是疫情再爆發該怎麼辦？」這些問題都不會自動解決，還會和自己的理念與經營方針產生矛盾。於是，又會造成以前也發生過的，明明是靠著觀光客賺進大筆財富，卻又掛牌公告「禁止外國人」「禁止外縣市客人入店消費」這種扭曲的現象。

在新冠肺炎疫情平息以後，這種心態真的還能繼續通用嗎？

像這樣，**一旦侷限於過去的成功體驗，在狀況發生本質性變化時，就無法改變自己**，導致很難順應時代的變遷、逐漸更新自己。

創造一手資訊的行動體驗

那麼，我們從今以後，應該採取什麼樣的思考方式和行動才好呢？

我認為**如果能夠擁有自己專屬的新奇「一手資訊」，即使置身於艱難的狀況，也很容易做出自己能夠接受的判斷**。

什麼是新奇的「一手資訊」？

我認識一個人，他有個家人在深山裡種菜，蔬菜幾乎可以自給自足。而且他不會把菜拿出去賣，只會轉送給當地的居民，地產地消。他說，因為自己就能種出新鮮的蔬菜，所以根本不會想在超市買菜。據他說：「有一次買超市的高麗菜吃了以後，才發現味道根本沒有自己平常吃的高麗菜那麼鮮甜，嚇死了。」

我聽到這件事的時候，就覺得「這真是新奇的第一手資訊啊。」種菜自給自足食用的行為，可以獲得新奇有趣的「一手資訊」，品味到最棒的體驗。當然，並不是第一手資訊就一定好，如果內容太爛，那就沒有意義了。必須是第一手的資訊，而且能夠分辨出「品質」的好壞，才能算是最棒的收穫。

在超市買的蔬菜，都有一定的品質保證，但它有時候會不夠新鮮；也就是犧牲了新鮮度，只保證品質。

此外，若是很多人都能取得的東西，就不太能從中得到特殊的體驗。我將這種東西視為「二手資訊」或「三手資訊」。

我在這裡想要說的是，**無論時代再怎麼改變，能夠親自體驗專屬於自己的「一手資訊」，而且能夠分辨出其中品質的人，無時無刻都能夠獲得最棒的體驗。**

這個概念可以套用在工作上，也能套用在生活型態上。很多人往往太過依賴加工而成的「二手資訊」，並依此來判斷人生的重大抉擇。

這正是新冠肺炎疫情期間最具代表性的現象，許多人都關在家裡，只靠電視和網路來獲取資訊，才會多次出現搶購物資和抨擊時事等行為。我看見這些行為時，又再次認識到很多人並不是自己外出親眼見識世界的模樣，而是根據別人加工過的資訊來下判斷。

重要的是親自判斷、體驗，靠自己分辨「新鮮度」和「品質」。

能夠做到這些的人，無論世界再怎麼大重設，也能遵循自己的思考和選擇，吃著「新鮮可口的蔬菜」、在任何地方都能富足地生存下去。

先馳得點、先做先贏的時代來臨了

「買超市的菜就好了嘛。」

「方便省力不是更好嗎。」

也是會有人這麼想。既然光靠「二手資訊」和「三手資訊」，就能讓人生過得很幸福，當然這樣就好了。

但是，網路及其他科技都不斷在進步，現在這個時代只要用手指輕輕一點，就能透過網路連結到地球另一側的人生觀。不知道該說是幸還是不幸，我們都因此得知了世界上有更多采多姿的生存方式和價值觀。

在這樣的時代，我**希望正在閱讀這本書的各位，都能夠追求屬於自己的「一手資訊」、邁向豐富的人生**。

而且，我姑且舉個例子，如果只侷限於「在超市買菜」的選項，就會導致當超市一停止供應蔬菜便無計可施的風險。在這種緊急狀況下，**隨時能夠獲得自己專屬「一手資訊」的人，就不會受到社會體系牽連，可以發揮強韌的求生能力**。

如果更深入一點，連「一手資訊」的作法也瞭若指掌的話，就可以營造出隨時隨地都能夠「自給自足」的架勢。

這才是在已歷經了大重設的今後，足以決定一個人是否能夠充實生存下來的主要因素。

參考這個世界上形形色色的價值觀，並且靠自己的頭腦思考、設計人生，為追求自己的幸福而行動。

這種堅強又柔韌的力量，今後將會更加重要。

在疫情後的現在，我們都完全被重置歸零，處於大家都還沒有任何成功和失敗經驗的狀態。

我認為，**正因為時代如此，所以最好要秉持「我今後要做的所有事情都是全新的」這種心態**。

在沒有正確答案的時代，無論你做什麼或用什麼形式去做，這一切都會成為你的新體驗、成為屬於你的「一手資訊」。

換言之，**現在已經進入「先做先贏的時代」了**。

我在2020年8月以前，是任職於日本微軟公司的商務人士。我從1997年進入該公司，整整在那裡待了23年。

當初我告訴友人我要離開長年任職的微軟公司時，很多人都非常驚訝。

「你要在疫情期間辭職喔？」

「蛤，這樣好可惜喔！」

在看不清未來的狀況下毅然辭職離開公司，不管怎麼看都是項高風險的行為。

但是，這恰好完美地證明，疫情已經徹底破壞了從以前到現在的連續性。

我覺得**在「同一件事不可能一直持續下去」的狀況下，只要待在過去的延長線上就能安穩無虞的想法，反而才是高風險的思維**。

像這樣忍不住脫口說出「在這個時候辭職？」的人，或許就是在無意識中，將自己的心靈框限在過去的經驗和價值觀內，變成了沉沒成本。

當然，我的意思並不是「不爽的話就辭職」「要清理所有你不滿意的人際關係」，而是**針對盲目地相信「只要繼續維持現狀就好，船到橋頭自然直」，或是彷彿置身事外般認為「又不是大家都能像你一樣」，對這些停止思考的心態提出警示**。

請各位把我接下來要提到的「放棄」思考法，當作是**無論現在的你處於什麼狀態，為了讓你從目前的所在地出發、靠自己的雙腿走出自己的路，都必定派得上用場的方法**。

換句話說，**我認為就算無法真的放棄工作、人際關係等等各種事物，但相信各位**

一定都能夠在自己的心靈裡「放棄」。

大家不妨先在目前的處境下，暫且忘卻自己內在的常識和規範、執著和成見、過往的成功經驗，開始步入新的人生吧？

對於遲遲不敢踏出一步的人，下一章介紹的內容肯定能派上用場。

我在自己以前的著作裡，寫道「要是被常識綁架，思考就會停止」。**在因為疫情而使工作和生活條件有所改變的世界裡，我們必須加倍質疑那些「理所當然的常態」、逐漸為自己建構出全新的價值觀**。

掌握事物的本質，也可以說是「設計」的能力，人的視野一旦變得開闊，就不會再侷限於做事的方法，而會培養出「如何將自己的人生設計得更精采」的觀點。從今以後，這股**「自己設計人生的能力」將會非常重要**。懷疑「常態」的能力，往後還是一樣重要。但是，**既然質疑的前提本身被重設過了，那麼今後需要的就是每一個人重新設計自己的人生、創造自己人生的能力**。

我們早已置身在「不得不質疑」常態的時代了。

現在正是需要**活得「忠於」自己的時刻**。

獲得自我專屬的一手資訊，用自己的腦袋思考、行動，走在自己設想的道路上。

就趁這個絕佳的時機，鼓起勇氣踏出最完美的一步吧。

第
1
章

將人生「無形的重擔」具體化

什麼是導致人生停滯的「沉沒成本」？

我在〈前言〉已經提過，沉沒成本是經濟學的概念，意思是「對某種經濟行為，如投資、生產、消費等的固定支出，且不論採取中止、退出、撤銷等決策，都必定會產生無法收回的費用」。

也就是說，基於不想浪費過去投入的資金、勞力和時間，於是姑且繼續這種經濟行為，結果可能導致更大損失。

如果換成我個人的說法，正是可以套用**「好不容易都……了」**的句型來表現的思維和行動。

各位是不是會在不知不覺中，脫口說出後面這些話呢?!

「好不容易都考進大學了。」

「好不容易都錄取進入理想的公司了。」

「好不容易都在公司裡努力到今天了。」

說得更白一點，本書要詢問各位的是，**在你沒有察覺的情況下**，這種思維**「是否變成了你的沉沒成本？」**

比方說，當你心想「好想辭職喔，但就這樣離開好可惜啊」時，如果判斷「不辭職」的理由只是「因為好不容易才進了這家公司」的話，那就等於是「最好還是辭職」的狀態了。我說的話可能有點偏激，不過在你成功進入那家公司的時候，從某種意義來說，你已經達成目標了，既然如此，也可以說你已經沒有繼續待在那家公司的理由了。

如果已進入某公司任職的事實，是你做出這個決定的最大根據的話，那代表你只是害怕失去這項事實而已，這就是你的沉沒成本。

當然，你也是經歷一番努力才得以進入理想中的公司，所以沒有必要否定自己。**只要將這份在公司裡得到的經驗，好好珍藏在自己心中的「回憶寶盒」**裡，然後繼續**朝下一條路邁進就好**。

沉沒成本並不是只限於你所置身的立場和屬性。最常見的還是剛才提到的**「都已經這麼努力了」的心態**。這種心態大多數也都會隨著情況變成沉沒成本。

拿到一份工作，咬緊牙關去做，努力撐到完成。就連如此**微不足道的成功經驗，也會在不知不覺間變成沉沒成本**。

你自己的成功經驗，可以只留存作為自己心中自豪的回憶，但**如果缺乏經常自我更新的意識，就很容易把自己綁在一直引以為傲的過往價值觀上**。

然後，你的成長就會逐漸停滯，陷入無法妥善運用重要的時間來充實人生的狀態。

結果，你很有可能會開始向下屬和晚輩自誇：「告訴你，我年輕的時候啊……」或者說，你的身邊是否有這種成長和思考停止的上司，只會講這些話打擾下屬呢？

這是最可怕的狀態，本人或許只是單純地拚命努力到現在，對於分內的工作也會盡心盡力，卻在不知不覺中將作為努力證據的成功經驗，當成自己的價值觀和身分認同的「寄託」。

這就是我所說的，被人生的「沉沒成本」綁架的狀態。

我並不是說這種人以前所做的事都毫無意義，畢竟他們年輕的時候都相當努力，各司其職、幫忙撐起整個社會。

但是，在現在這個時代，倘若沒有「我要讓自己繼續成長！」「我要打造全新的未來！」這些意志，那就不要一味地打擾別人，否則只會惹人嫌而已。

「用不到卻丟不掉」也是人生的沉沒成本

你是不是覺得「我沒有這麼想，也不會這樣做，所以我沒問題」呢？

可是，**人生的「沉沒成本」不是只會出現在工作上，其實也潛藏在生活中的各個面向裡**。

比方說，假設你有個買來以後就「一直放著沒用過的東西」。我們常常在買下東西的那一刻，或是稍微使用一下以後，就已經心滿意足，之後便再也不曾用過它。儘管事實上那樣東西需要一直用下去，才能讓自己成長，或是使生活更便利，但光是購買時所產生的滿足感，就代表它的任務已經達成了。

好幾年沒穿的大衣、很少使用的家電機器、只是擺在書架上的書……如果這些東西多少為你帶來了一點樂趣、豐富了你的人生，那是最好的；但典型的沉沒成本，是那些買了卻沒用過的檢定考試教材、減肥器材等，充滿「不稱心記憶」的物品。

人類是種神奇的生物，偏偏**就是丟不掉那些充滿負面回憶的物品**。雖然其中有千百種的理由，但是在我看來，物品終究是幫助自我成長、讓生活更便利的「工具」而已。

換言之，只要想像「用這本教材成功開口說英語的自己」「用那個減肥器材成功瘦身的自己」就好了，那些終歸只是工具，使用它們而改變的必定是自己本身。

儘管如此，**人們往往會在那些工具上過度投射自己的心思或理想的姿態，才會連事情進行得不順利時，也一直繼續死守著那些印象**。於是，這種心態儼然像是一股重擔，讓你「沉沒」在過往的人生裡。

當然，我的意思並不是「沒在用的東西就全部丟掉」，肯定還是有些東西能讓你單純看著它就覺得高興、只是放在那邊就令人心情雀躍，或是讓你的開心之情溢於言表。你身邊一定也有那種偶爾拿出來看看，就能令內心充滿祥和的東西。

如果有東西能讓你產生這股情緒，那當然很好，但是——

「這個要價不菲啊。」

「因為這個是好不容易才買到的。」

「丟掉太可惜了。」

如果你只是基於這些想法而繼續保留，直接脫手可能是比較好的選擇。只要為物品拍下照片，好好把它變成「回憶」就行了。

其實我也是這種人，一直都捨不得丟東西。特別是與工作相關的，因為有必要接觸最新的數位科技產品，我會盡可能地購買有興趣的產品。不過各位應該都知道，數位設備宛如雨後春筍，總是有新產品不停上市。

而且麻煩的是，**所謂的數位科技產品並不會在某一天突然無法使用，而是會突然「跟不上時代」**。

也就是說，一件產品即使變得不夠方便，但也「並不是不能用」「只要花點工夫還能繼續用」。

由於我的目的是要使用最新的數位科技產品，所以只要買了新產品，舊產品就不太會繼續用了，但那些舊品也並非「變得不能用」，因此我都會忍不住想：

「丟掉好浪費啊。」

「是不是可以用在別的地方？」

這正是我的「沉沒成本」。雖然這個成本並沒有導致工作品質和效率低落等缺陷，但是在我家裡不斷堆積的「不用的數位科技設備」，無疑成了**我的心靈負擔**。

不過最近，我已經可以順利解決這些沉沒成本了。我的作法是，**因為一口氣全丟掉會讓我感覺很鬱悶，所以我開始轉送給別人**。

可能有些人覺得把東西放到網路拍賣就好了，不過我是在自己的線上沙龍活動裡舉行拍賣。我一次出清大約20件自己手邊的科技周邊器材，並且將拍賣所得的金額全部捐贈作公益。

如此一來，我就可以將物品交給稍微有點交情的人，倘若有機會，我還可以知道物品後來的去向。

有趣的是，我還真的因此收集到五花八門的資訊。

比方說，我把小型數位相機上傳拍賣時，老實說我心裡想的是「還有人要用這種東西嗎？」但是，佳能的IXY相機性能非常出色，還能正常操作，只是智慧型手機更方便又能拍得很漂亮，就算我覺得「這個應該沒人要吧」，卻還是不抱任何期望地把它上架了。

結果，居然有好幾個人競標，我問得標者為何要買？對方說想給孩子帶去畢業旅行使用。因為孩子就讀的國小規定不准攜帶有通訊功能的機器，事到如今也不會想特地購買小型數位相機，「想不到能用這種價格買到，實在太感激了。」

這讓我大吃一驚。

這東西竟然有我萬萬想不到的需求，我的沉沒成本幸運變成了其他人所需的資源。這麼一想，共享經濟這個構想的起點，可能就是始於這種需求吧。

有點捨不得丟東西的人，或是已經想到自己有哪些物品是沉沒成本的人，都一定要知道，自己其實可以尋找需要這些東西的人，讓他們「傳承」下去。

拒絕只用身分地位評斷的人際關係！

沉沒成本也會出現在「人際關係」中，或許很多人都可以掌握到這種感覺。

首先，**當一個人吸引你不是因為他本身，而是因為他的身分的話，老實說這種人際關係差不多需要清除了**。

在商務場合，時常出現視對方身分而決定往來的人際互動，像是「他在〇〇集團總公司上班」「那個人是總部部長」「跟這個人交朋友或許可以提升業績……」。

這種基於商務上的好處而與對方往來的情況隨處可見。

也許有人會想：「那有什麼不好？我又不是跟所有工作相關的人都很親近，職場關係不就是這麼一回事嗎？」

但是，這麼想就有點天真了。

因為**人生的「時間」是你最寶貴的資源，你卻把它用在自己一點也不喜歡的人身上**。這種損失實在是難以估計。

當然，如果是與當下有關的工作案件，還是有些人際關係需要好好珍惜。有些時候，與有決策權的人打好關係，可以幫助工作進展得更順利。

但是，當你目前處理的案子結束以後，又會開始做另一件案子。而下一次的工作應該又會再遇上不同身分的人。

此外，如果你在工作中都是接觸同一批人的話，上司或客戶等具有決策權的人或許就會經常在你身邊，任意擺布你吧。

我真正想說的是，**當你想著「畢竟這是工作，我別無選擇」時，這些原本可以用**

在自己身上的人生時間正在減少。

說得更清楚一點，自己的資源之所以必須由自己好好保護，是因為重視身分地位的人際關係往往會永遠持續下去。最常見的模式，就是「當初曾經受你照顧」「因為你是個好客戶」這類關係。簡單來說，一個案件結束後，單純建立在身分地位上的人際關係很容易一直延續下去。

於是，**那些全部都會在沒有察覺到的情況下變成沉沒成本**。

順便一提，這種人際關係若是持續下去，你身邊的同事和下屬，可能也會變成都是在追求同樣關係的人，演變成一種困擾。

而且最可怕的是，你會逐漸習慣周旋在這種人際關係中，於是在不知不覺中，**你本身可能也會開始主動追求能與你建立這種以身分地位為主的關係對象**。

有人會在自己調到其他部門或離職後，抱怨自己不再收到賀年卡、某某人不知感恩之類的話，但這些都是理所當然的事。因為對方並沒有真的與他友好——說得更清楚一點，他們只是因為名片上印的公司名稱或職稱等「記號」，才跟他往來。

我希望各位讀者，千萬不要成為這種人。

我以前是業務員，過去在工作上見識過形形色色的人，其中也包括了因為站在「客戶」的立場而展現優越感、「搞不清楚狀況」的人。

他們在剛出社會時肯定沒遇過這種事。不過，**當自己在生活中習慣了自己被賦予的「記號」後**，可能就會**真的化身為那個「記號」了**。

我相信現在正是終結這種人際關係的絕佳時機。比方說，大家都已經很熟悉遠距工作、保持社交距離了，以往必定會舉辦的公司酒會或客戶招待等活動都已經大幅減少。

如果你過去是因為心想「好不容易進了理想中的公司、打好了人際關係，所以非去不可」，才去**參加一點也不開心的酒會應酬的話，那無疑是將自己的人生埋沒在莫名其妙的人際關係中**。

不過，若你能夠仔細瞄準對自己真正重要的事物、明白「沒必要花費人生的寶貴時間去參加這種活動」，代表你可以考慮其他選項的環境正在逐步成形了。

大多數的商務人士，應該多少都已察覺到這種不情願卻又得一直繼續的人際關係是一種負擔了。因此，我建議各位要把現在這個時機當成是個大好機會，好好清理已經變成沉沒成本的人際關係。

用「喜不喜歡」作為判斷基準

總覺得似乎也有很多人會說服自己，認為在工作中產生的沉沒成本，某種程度來說是累積資歷的必經過程。這種心態可以用我前面提過的「工作就是這麼一回事吧？」「這就是社會人士啊！」這些話來體現。

「反正有薪水拿，就算遇到討厭的事也要忍耐、繼續工作，畢竟也得為生活著想。」

這種想法似乎意味著在職場工作可以獲得重要的「收益」，但如果人生時間的運用方式因此受到制約的話，最好還是把這種心態正視為一種沉沒成本。

忍耐所得到的薪水和福利，必須和人生的時間切割開來思考。

最重要的終究是「時間」，是你的「生活品質」（Quality of Life, QOL）。**重點在於要以「自己的人生是否充實」「喜不喜歡」為最大基準來判斷所有事物。**

不要無條件追求「賺多少錢」「社會地位提升了多少」這些基準，要提高生活品質，並且思考這樣可以讓自己獲得多少收益。只要對照一下生活品質，就會察覺自己過去為了賺錢而工作的狀態，可能已經變成自己的沉沒成本了。

本書會**繼續建議大家要保有「放棄」的選項**，但要是各位依然將過去至今的努力當成一種「收益」的話，應該很難勇敢採取「放棄」的行動吧。

我先岔開一下話題，大家聽過「麻理惠整理術」嗎？

專業整理師近藤麻理惠在整理東西時，會用「怦然心動」這個關鍵字來判斷。舉例來說，決定一件東西要不要丟掉時，判斷基準是這東西「會不會讓自己怦然心動」。我聽到這個概念時，就覺得「似乎跟我有點像」。因為我認為，**怦然心動就是**

一種「對生活品質有所貢獻」的狀態。

比起東西是否有用、可以賣多少錢……這些具體的效果，「怦然心動」是一種有點抽象的情緒。不過，**即便是價格很高、大眾普遍認為有價值的東西，如果自己對它一點也不心動，那要了也沒有用。**

如同前面提過的，我原本是那種覺得東西「或許還用得到」就會一直堆積的人。想著「總有一天會派上用場」，於是不停累積以前買的東西，我覺得這就是為了不丟東西而找的藉口。

雖然我最近終於擺脫了這個魔咒，但我在這個過程中感受到的是，**無論過去的事物再美好，如果它不能讓現在的我怦然心動，它就會在不知不覺中化為沉沒成本。**

同理，即使你在同一家公司努力工作到今天，領著豐厚的薪水或是拿到不少好處，也只是代表你得到與工作的回報（報酬）等值的薪水而已，這一切都已經是過去式了。

別思考過去，而是思考現在的自己，對那份工作心動到什麼程度。

自己將要做的一切，全部都以「是否能豐富自己的人生」為判斷基準來決定，未來才會邁向幸福的人生，最終也能和身邊的人建立良好的關係，這就是我的看法。

下定決心升級自我作業系統吧！

站在「提升自己的生活品質」的角度來看，果然還是必須從根本改變自己。在這個日新月異的時代，應該沒有人能夠一直只做同一件事便心滿意足吧。

因此，我以前只要一有機會，就會**向大家宣導「要經常更新自己」，不過在思考後疫情時代的工作方式和生活型態時，**我覺得**已經可以把更新一詞替換成「升級」**了。

我們都有必要重新整理一次自己過去的思維和作法，升級自己的心態。

從科技的觀點來看會比較簡單好懂，更新是指修正、改善作業系統的錯誤，升級則是直接汰換作業系統本身。也就是說，**不要站在過去的延長線上思考「要做得更**

好」「再努力一點」，而是以將自己這個作業系統全部換掉的感覺來行動。

要培養升級自我的感覺，首先需要具備「從外在看自己是什麼樣子」的觀點。這裡要注意的是，**如果為了升級自我而收集客觀的意見，反而可能會得到「恢復原狀」的看法**。不過這也是理所當然的事，因為你是在升級前的人際關係中徵求別人的意見。

我將這種現象稱作**「來自他人的沉沒成本詛咒」**……舉個更好懂的例子，就是**「我媽（爸）說」**。

各位知道找新工作面試時，對公司而言最糟糕的時機是什麼時候嗎？那就是年底。因為在絕大多數的情況下，新工作會在過完年後開始，但中間夾著新年假期，所以在員工回老家過年時，會有很多機會被父母或親戚勸退。

雖然這聽起來像個笑話，卻是千真萬確，就發生在我認識的人確定轉職進入我以前工作的微軟公司時。他原本是在一家大型電信公司上班，回老家時告知家人「要去微軟工作」後，所有親戚都異口同聲說：「什麼？微軟？那裡能賺多少錢？」

於是，他回答：「嗯，就跟一般行情差不多吧……」

結果，眾人都警告他：「幹麼去那種莫名其妙的公司！要辭職的話，好歹也去考公務員！」

雖說這是比較極端的例子，不過這種連當事人聽了都覺得「嗯，這麼說好像也沒錯……」而陷入迷惘的灰色地帶確實不少。

這種自己也不是很清楚，又無法明確反駁的情況，結果就會**不知不覺猶豫起來**，**無形中浪費了自己的人生**，**這種狀況在生活周遭屢見不鮮**。

好不容易下定決心要從根本改變自己，但是從過往延續至今的人際關係中得到的意見，卻很有可能以消極的角度來解讀你的變化。

當然，你沒有必要因此疏遠家人和朋友，但只要你能感覺得出他們未必有助於提升你的生活品質，那就不需要主動向他們徵求意見，或是維持關係了。

你在設計自己的生活品質時，一定會有機會面臨這種人際關係的沉沒成本。

不過，**讓自己過著充實幸福人生的方針，根本還是在於升級「自我作業系統」，所以在人際關係上最好要畫清界線**。

現有的技能也可以升級成個人品味

我們比較容易察覺和理解工作、物品、人際關係方面的沉沒成本，接著就來看很難自我察覺、位於自己內在的「心靈沉沒成本」。

具體來說，它是指「經驗」「執著」「窠臼」「過去的成功經驗」，以及「成見」「偏見」「常識」「回憶」等。

其中關於「回憶」方面，如果它是為了提高、維持現在生活品質的必備元素，那就沒有問題。沒有必要刻意否定過去的回憶，美好回憶就當作美好回憶，好好收藏在心裡。

但是，**當這份回憶與某個成功經驗有關，那可能就要小心了，因為它往往容易變**

成「執著」或「窠臼」。

至於「經驗」和「執著」，乍看之下意思很抽象，其實我都把它們當作具體技能的表現。因為**透過某項「經驗」獲得的是具體的技能，所以才會對那個經驗產生「執著」**。

然後，這些執著會藉由「成功經驗」而不斷強化。

不過，技能的本質可以看成是「取代性高所以才叫作技能」。因此，具備專業高度技能的醫師、藥劑師、律師等職業，也會在技術的進步下逐漸變成商品（落後、失去特性），最終遭到ＡＩ取代。依據自己的「經驗」和「執著」來磨練技能，充其量也只能在過去至今的延長線上更新自己而已，遲早還是會被ＡＩ比下去。

或許有人會想，自己過去的「經驗」一路支撐著自己的根基至今，如果它很有可能會變成沉沒成本，那我們今後究竟該依據什麼來工作呢？

「我一直都是這樣走過來的，我只有這個技能，除此之外我什麼都不會……」

這樣的人該怎麼辦才好？

我的回答是，**將技能「品味化」、往上升級**。

很多人以為「品味是與生俱來的能力」，其實每個人都可以培養品味。

說得更清楚一點，**只要將自己擁有的多項技能元素，融合在一起就好了**。

而且，品味的融合並沒有所謂的正確方法，在自己可以容許的範圍內重新定義也無所謂。只要核心貫徹「豐富自己人生」的方針，用自己的方式融合即可。

我舉一個料理方面的例子，應該會比較好懂。

雖說同樣都是料理，很多店家提供的同一道餐點，其實廚師只要花點心思融合或組合烹調技巧，就能創造出該店在這道餐點上的獨創性。不只是料理本身，就算是盤子的選用、菜單上的料理命名也是同理。而最後那位廚師就會因此得到「品味很好」的評價。

這麼一想，**自己所擁有的技能是否獨一無二，根本一點也不重要**。

更重要的是，先盡可能拓展視野後，再將自己看來截然不同的元素融合在一起。如此一來，醞釀出獨特事物的機會就會越來越多。**要逐步建立這種「自我風格」，就要將技能「品味化」**。

這時，有些人會在聽說「某某人也在做這個喔」「○○裡已經介紹過這種東西了喔」之類的消息後，便感到失落氣餒而放棄。但是，這種消息只要用「哦，這樣啊」的心態忽略就可以了。

因為，**光是把好幾種技能融合在一起，就等於是已經提升了自己的稀有價值了**。

縱使有人也在做一模一樣的事，也不代表這件事情很「普遍」。反過來看，若有誰先做過類似的事，就印證了自己會更容易達成自己想做的事，盡量參考前人的成果就好。

比方說，餐桌上有一碗飯、生雞蛋和醬油，這麼看來似乎只能做醬油生蛋拌飯了吧。因此發現這件事的A認為「這可能是人類史上最傑出的發明！」便開始宣揚醬油生蛋拌飯的吃法。

但是，後來A才得知世界上早已經有醬油生蛋拌飯的吃法。不過，我認為這項事實並不代表「A的發現毫無價值」。

原因在於，他只要再繼續融合其他的技能就好了。

既然三個元素融合而成的醬油生蛋拌飯是已經存在的料理，那麼接著可以把醬油生蛋拌飯視為一個元素，為這道餐點再加上海苔或是蔥花之類的就好，這樣就會產生全新的融合了。

只要一心一意不斷這樣融合下去，任誰都可以將技能變成品味。反覆嘗試並從錯誤中學習，或許有朝一日就能發現夢幻的調味料、開拓出創造獨一無二事物的更大可能性。

嶄新的創意幾乎不可能一開始就從無中生有。**重要的是別在意其他人是否已經做過，而要繼續融合自己的技能**。否則有朝一日找到「夢幻調味料」的機會永遠都不可能到來吧。

技能是累積的成果，所以必須動員自己的「經驗」。這並不等於自己受限於「執著」「窠臼」和「過去的成功經驗」而停留在醬油生蛋拌飯的階段。

這反而意味著自己所具備的技能，從融合二者、三者的階段開始起步，思考如何以此為基礎、繼續添加其他元素——這個從錯誤的嘗試中學習的過程，就是「用技能培養出品味」。

自己的「經驗」並非全部一無是處，它們融合而成的多種選項，才能彰顯出你的獨創性。

這才是你真正的「品味」。

技能的融合就好比和風義大利麵

技能融合以後，就會變成創作能力、培養出「品味」。雖然這個過程沒有問題，但同時我也認為，如果一開始就以融合技能為前提來思考事物，反而容易侷限思緒、迷失方向。

將「不確定是否能夠融合的元素」融合在一起，才會迸出創新的發明。

請大家想像一下「和風鱈魚子義大利麵」。源自義大利的義大利麵，融合了源自日本的鱈魚子、海苔和醬油的滋味，才誕生出和風鱈魚子義大利麵。這種作法並不是一開始就以融合為思考前提才出現，而是將截然不同的食材「偶然」放在一起才有的產物。

如果，一開始就以融合為前提來思考事物的話，恐怕只會做出極為平凡的義大利麵吧。不論做義大利麵的技術、栽培番茄的技術、栽培橄欖的技術再怎麼高超，在構思上也不會超出義大利料理的範疇。

如果包含素材和烹調技術在內的一切元素，都已經達到頂級水準的話，當然可以通用；但是當各個元素都很平凡時，那不管再怎麼融合技能，很多時候真的就只能做出非常普通的東西。在下廚的本人看來，製麵和栽培番茄是截然不同的技能，但遺憾的是大家並不會這麼想。

像這樣一開始就思考「我要把A技能和B技能結合在一起」的話，結果往往會變得比想像中要平凡許多。既然如此，那該怎麼辦？

那就**只能無限開拓自己的視野，大膽選擇完全不同的事物融合在一起**。話雖如此，選擇的基準又會讓人摸不著頭緒，不過我覺得只要選出「自己喜歡的東西」組合在一起就好了。

「我真的超愛這個！」

「光是用想的就好興奮！」

只要隨意將這些東西定義成「技能」融合起來，就能輕易孕育出所謂的「自我風格」的創新了。

而且，因為你是在做自己喜歡的事，所以就算過程進行得並不順利，你也不會感到痛苦，反而還做得很開心。這正是讓人生越來越充實的工作之道。

如果要由此出發，融合技能並醞釀出獨創性、提高品味來一決勝負，那麼最重要的是平常就要意識到**「自己有好幾種真正喜愛的事物」**，做好萬全的準備。

能開放自我的人才能吸引同類

也有人在聽我說完這些之後，感到沮喪地說：

「你說的我都懂，可是我又沒什麼了不起的技能，是要融合什麼啊……」

在我看來，這是處於不太清楚「自己喜歡什麼」的狀態，對自己內在的探索還不夠，或是單純失去自信而已。

這種時候，也可以考慮**反過來利用「自己從未成功過的事」**（雖然這個方法並非萬用，但可一試）。

比方說，現在市面上的文章和書籍等傳播資訊的媒介，基本內容大多是教導讀者「怎麼做才會順利」的技巧。但是做事不順利的人，大多數並不會公開自己的經歷。因為很多人以為沒有人需要這種內容，或者單純只是作者本身覺得丟臉、不想暴露自己的無能而已。

不過仔細一想，**不順利的作法，才是能夠提醒大家注意的寶貴案例**。因此，我覺得應該要特地將這個部分做成媒體資訊公諸於世才對。

各位當然可以因為窒礙難行而向他人尋求建議，但除此之外，還要**平淡地公開自己碰壁的經驗**。

假設你現在的業務工作不順遂，那你大可成立一個「碰壁業務員社群」，這個社群（ＢＢＳ討論板）以「自己為何諸事不順？」的真實資訊為主軸，板規是禁止提供建議和炫耀，只能一心一意寫出自己碰壁的經驗，或許會有很大的需求也說不定。

我曾經在自己經營的線上沙龍詢問大家：「是什麼讓你害怕上臺做簡報？」

結果，答案大致可以分為兩種。一**種是「沒來由地緊張」**，**另一種是「不想讓人覺得自己笨手笨腳」**。也就是說，**大多數人都非常在意「別人怎麼看待自己」**。

但是，如果人人都「不想讓人覺得自己笨手笨腳」，那麼反過來看，**「讓人覺得扣分的元素」**，**其實也蘊含了能夠引起很大共鳴的故事性**。

當一個人不停失敗、怎麼做都不順利，覺得「撐不下去」的時候，最經典的安慰就是「再努力一下，以後一定會順利的」吧。

不過，我覺得既然這個世界都已經這麼放任大家展現自我了，那我們最好要用相反的角度看待不順利的經驗，當作是自己「失敗後又獲得了寶貴的教訓」。姑且先不管別人怎麼看自己，把失敗當成是「自己可運用的素材」也是一個方法。

亞倫．皮斯和芭芭拉．皮斯的著作《真簡單，這樣就能成為溝通高手》裡提到，人類最深層的根基，有著「想要相信自己很重要」的本質存在。

換言之，展現出讓自己看似一點也不重要的資訊，需要很大的勇氣。但是，書中也寫到人類同時具備「回報性」的本質。這個性質就是「以德報德，以怨報怨」，好比說，只要公開自己不順利的經驗，就能讓看見的人也願意分享自己的失敗。

如此一來，**開放自我的人身邊，就會漸漸聚集一群有著相同思維的人，結果就能夠站在更廣闊的角度，輕易獲得改變自己的契機或啟發**。

無論如何，如果要升級自己，也需要有足夠的「果斷」向大眾開放自我，包括展現自己最丟臉、最不願示人的那一面。

雖然剛開始這麼做需要鼓起勇氣，不過我個人的感覺是，各個領域包容自我揭露的風氣也越來越強烈了。現在已經是越來越能夠盡情開放自我的時代，完全展現出自己遭遇挫折的過程，肯定也是一種建構自我傳播資訊的有效方法。

繼續做不適合的工作，無疑是沉沒成本

還有一點，在逐步升級自己的時候，有個元素需要反省一下。

那就是「現在的工作到底適不適合自己？」

我這麼說或許聽起來很冷酷，但是**一直繼續做不適合自己的工作，正是最典型的沉沒成本**。「都已經升到這個職位了，當然非繼續努力不可」這種心態，就意味著自己已經處於沉沒狀態。

各位應該也常常聽到這種話：「就算半途而廢去做其他工作，也不可能會順利。」但是這種主張一點根據也沒有。

從運動來看會比較容易理解，很多選手在換了教練或隸屬的隊伍以後，就像起死回生一樣開始大顯身手。**沒有必要「克服環境來展現韌性」，失敗的經驗本身就是一項很重大的資源，以這個為基礎、輕快地邁向下一步即可**。

這個世界上多的是業務員死守著不適合自己的工作，結果遭遇嚴重挫敗，但事後卻善用這個經驗變成活躍的人事顧問。

這正是我在很多場合都談論過的事，我本身也是工程師裡的廢物，廢到不值得一提的程度。

不過，我發揮自己以前上班做程式設計的經驗，將跑道轉移到「宣傳科技價值的本質」的科技顧問領域，才能夠賴以維生。如果我一直拚命死撐著不適合自己的工程師工作，現在肯定背負著沉沒成本，整天抱怨公司和上司吧。

所以，我放棄了工程師的工作，但我並不打算放棄自己。我只是「不再堅持」。因此，我改變了觀點和工作的重心，漸漸「融合」過去身為工程師的經驗。

我只能說，在我改變重心、成為科技顧問以後，我明顯感覺到自己「比較適合這份工作，很想繼續做」。

總之，我**將技能融合起來思考時**，**想像「理想中的自己」**、思考**「能讓現在的我怦然心動的事」**，思緒就能輕鬆地延伸下去。

這種時候，**反正「經驗」並不會占用物理上的空間，只要隨時把它當成一種技能、找出來加以運用就好**。

順便一提，至今都沒有人發現我以前是個廢物工程師。大多數人知道後不是驚呼「真的嗎！」就是一臉懷疑地說「少騙人了」，也有人毫不在意地說「可是你簡報做得很好耶」，大概可以歸類成這三種反應。

人啊，根本就沒有那麼在意別人的事。

這正是我建議大家要「不斷開放自我」的一大原因。

「應當」是僵化思維的魔咒

那麼，接著我們也來談談包含在心靈沉沒成本裡的「成見」「偏見」「常識」吧。

其實，我有唯一一個提醒自己絕對不能使用的詞彙。那就是「應當」。不能用的理由是，當我**脫口說出「應當」的那一瞬間，選項就只剩下一個而已了**。

當然，也是有人整天把「應當」掛在嘴邊，思考也沒有僵化，不過大部分的情況下，只要一強調「應當」，思維就很容易變得僵硬，將其他選項視為「禁忌」。反之，改用「〇〇比較好」這個說法，會比較容易考慮到各種選項。

俗話說「詞語會造就一個人」，詞語擁有非常強大的力量。因此，習慣不要使用會刻意侷限自己的思考和行為的詞語，是需要優先做好的重要心理建設。

此外，**「應當」這個詞，很容易引導出「成見」和「偏見」，也很容易使人遵循**

從過去延續下來的「常識」。

舉個大家比較熟悉的例子，最典型的代表就是曾在北京奧運柔道男子100公斤以上級比賽中，獲得金牌的日本綜合格鬥選手石井慧。

日本的柔道界，到現在還秉持著一種「應當論」，聲稱柔道應當用優美的摔法取勝，甚至講究到「漢字的柔道和拼音的JUDO不能相提並論」的程度。就這層意義來說，石井選手在日本柔道界絕不討人喜歡。

因為他是只在乎結果而不重技巧的人，主張「只要能得分勝利就好」。因此儘管他在奧運奪得金牌殊榮，也依然遭人批評「那根本不是柔道」。當然，這種現象也跟他坦率的言行舉止忤逆了柔道界「應當論者」有關……。

我在這裡想問的是，遵守運動規則、在奧運比賽中出場，最終該重視的究竟是什麼？答案是：「對於有機會參加奧運的選手來說，最重要的難道不是奪下金牌嗎？」

批判者一方面口口聲聲說「柔道應當如何」，但石井選手要是執著於優美的摔法、結果在第三回合輸掉比賽的話，那才會受到嚴厲的批評吧。

如果要問那些批判者優美的技巧和奪牌哪一邊比較好，他們又會說「好好贏得比賽才重要」，自相矛盾卻不自知。

而且在現在這個時代，JUDO已經推廣至全球，全世界的選手都認為站上頒獎臺領到獎牌才是最重要的目的。然而，日本的柔道卻強迫選手挑戰「奪得金牌的同時也應當優美地取勝」這種「不可能的任務」。這就是典型的「應當論」。

滿足這兩個條件、贏得比賽就能大受讚揚，不論少哪一個都會飽受韃伐——實際上，沒有用優美摔法贏得比賽的石井選手，明明拿到了金牌，卻還是受到「汙辱國技」之類的言論譴責。

這種狀況不僅是「偏見」和「常識」作祟，也與「過去的成功經驗」有關。追根究柢，日本的柔道在柔道還沒有全球化的時代，靠著一本勝（※）贏得了許多比賽，結果太過於執著這種成功經驗，才會營造出強迫選手遵從「用優美的摔法取得一本勝才是柔道應有的樣子」這種價值觀的環境吧。

但不只是運動，在商業方面也是同理，**不論過去有多少成功經驗，當我們被迫置身在時代的劇烈變化中時，就必須從根本上改變自己的價值觀。**

否則，我們就會受限於狹隘世界裡的「成見」和「常識」，搞不清楚自己究竟為誰而戰、為了什麼而工作，而且要是沒有任何斬獲，就會落得十分淒慘的下場。

不論是哪一類型的商務人士，應該多多少少都會有一點「這種事情就是這樣」「理應如此」的「執著」態度。

但是，**在疫情流行以後的時代，任誰都能夠明顯看出，原有的「常識」在根本上已不再通用，和過去一樣的商業模式已漸漸遭到摒棄。**

微軟公司的執行長薩蒂亞·納德拉，以前曾經說過這句話——

「Our industry does not respect tradition, it only respects innovation.」（**我們科技產業並不尊重傳統，而是只尊重創新。**）

這句話真正的意義是，在科技的領域裡，傳統，也就是「只是單純從過去流傳下來的事物，並不值得尊敬」。

當然，不能只是一味地譴責過去的傳統，這是在提醒大家，尤其是在變化多端的科技產業領域，如果只是站在尊重過去的立場，就等於是原地踏步。

我們要**保持「不斷革新」的心態**。

這不僅是為了工作，也是為了升級你自己必備的思維和態度。

※**一本勝：**柔道比賽規則中指可立刻決定比賽勝負的得分技巧。

不安時，就專注在可控的要事上吧！

心靈層面的沉沒成本，最後一個就是很多人都有的「不安」。

我認為，**如果不想受到不安的情緒擺布，最重要的就是專注在自己「可控制，而**

且很重要的部分」上。我們會不由自主地被無法控制的事情牽著鼻子走，因而感到不安，這分不安就會化為沉沒成本來折磨自己。

尤其是在新冠疫情擴散以後，越來越多人擔心自己的未來和工作，為此不安焦慮，或是在意所謂的景氣動向。

不過，我覺得**在意景氣和在意自己的人生完全是兩碼子事**。景氣就好比天氣，並不會因為下了一場豪雨，就導致自己的人生從此完蛋。

簡單來說，你怎麼看待天氣，就怎麼看待景氣。

我在NewsPicks經營的企畫型學校NewSchool裡，教授團隊管理相關的課程，我在課堂上都會特別強調前面提過的「專注於可以控制的事情」。這也是憤怒管理（妥善處理憤怒情緒的心理訓練）的概念，將資源集中在「可控制的重要事情」上，正是管理的本分。

把資源分配給無法控制的事情，就會變成沉沒成本，說白一點就是「浪費」。如果專注在那個部分可以獲得某種寶貴的收穫，那倒無妨，但是實際上，這就跟在意景氣一樣，你根本不能控制它。

我這麼說的意思並不是人生不會受到景氣的影響，而是「擔心景氣的影響太過愚蠢了」。

我再重申一次，**重要的是專注於自己可以控制，而且重要的部分**。或許，你認為那個可以控制的部分會受到景氣的影響，那麼在這種狀況下，是否能夠藉由改變自己的舉止來控制？或是能做什麼來提升自己的生活品質？這些思考和選擇都非常重要。

比爾．蓋茲在1981年曾經預言過——

「電腦永遠都不需要640KB以上的記憶體。」

他在大約40年前，就已經斷定電腦只要有640KB的記憶體便無所不能。然而到了現在，我們只要用手指上網點幾下，就會有人把64GB的記憶體送上門。不過在當年，連配備了64KB記憶體的電腦都非常昂貴，所以他才會認為有十倍記憶體就足夠了吧。

難道我們能因此說比爾・蓋茲根本不懂電腦嗎？當然不行。重點在於不論話出自誰的口中，**對未來的預測都沒有那麼準確**。

就連當時投身於個人電腦產業的人，都無法預料到未來的這個趨勢，這麼一想，如果要說對於景氣的動向、無法控制的事情感到不安有多少用處，頂多就是專業人士在職業上有這種需求吧。

我本身也會依照自己的觀點，對今後的景氣做某種程度的大致預測，至於準不準確，根本無關緊要。

你試著揮棒了嗎？

到目前為止，我已經談完解決心靈沉沒成本的線索，這裡我要來介紹我在以往各式各樣的場合談話時，從聽眾口中聽過好幾百次的話。

那就是：「因為是你，所以才做得到吧？」

每當我聽到這句話，都會這樣回答對方：

「那你試著做過了嗎？」

結果，對方又反駁說：「做了以後失敗要怎麼辦？沒人會幫我負責啊！」所以我又回覆對方：「反正失敗又死不了人，沒關係啦。」

奇妙的是，很多聽眾不知為何，都會把事情想得像是沒綁繩子就從懸崖跳下去一樣危險。這很有可能是正處於被「不安」的沉沒成本壓制的狀態。

那麼，具體上該怎麼做呢，**不必孤注一擲全力揮棒，只要先輕輕地揮棒就可以了**。事先準備好退路，一旦發現情勢不妙，隨時都可以回頭。

冷不防就跑到懸崖邊，朝著對面（充滿希望）的康莊大道全力跳躍，要是沒成功達陣，就是在深淵裡摔得粉身碎骨……這種路線當然會令人不安了。

我可不是要你這麼做，而是仔細環顧四周、尋找吊橋，思考「繞一下路，看會不會有通往對面的路線」，或是到處走動尋求路人出借方便的交通工具，只要稍微冷靜一點，**肯定能夠發現身邊總有好幾條出路**。

不過，我希望各位務必遵守一個原則。那就是要**「試著揮棒」**。你要把揮棒想像成打棒球、高爾夫球，還是網球都可以，只是千萬不能一心盯著球，無論如何都要專注在簡單的「揮棒」動作上。

從自己能力所及的事情開始就好，我建議各位可以用自己至今從未嘗試過的作法，先在這裡試試看。

這時，很多人的反應都是「這個應該早就有人做過了吧」，但這一點關係也沒有，因為做過的人跟你並不是同一個人。**只要是「自己有史以來第一次」，那就沒問題了**。倘若不用和以往的自己截然不同的揮棒方法，那就無法改變現在的自己。

身處於不安之中，很多人都是用以往的方式隨便揮棒，或是反過來不假思索全力以赴、害自己騎虎難下。記住，要用和以往截然不同的作法，輕輕揮棒擊球就可以了。

有些事需要自己實際體驗後才會明白，在不斷揮棒的過程中獲得的經驗，對自己而言全都是新奇的「一手資訊」。這是自己專屬的最好資訊，不論看什麼樣的文章或報導都得不到。雖然在某些情況下，這可能會變成失敗的體驗，但我自己更傾向於將這種體驗公開給大家、變成引發共鳴的媒體資訊。

當然，你不必勉強揭露自己，也能將失敗的體驗運用在下一次的行動上，這對自己來說只有好處沒有不好。

妄想，能激出瞬間爆發力

還無法以自己的方式勇敢「輕輕揮棒」的人，可能是因為無法自我肯定的緣故。

我算是比較幸運，目前已經體驗過很多前面提到「做什麼都死不了人」的事。像是有機會在承蒙厚愛的場合上臺演說；和非常知名的人一起共事時，即使失敗了，也不至於造成無法挽回的嚴重後果。所以我才能累積這麼多「反正死不了人」的經驗。

我原本是很容易感到自卑的人，多虧有這些經驗，我才終於能夠慢慢變得樂觀起來。

但是，**在面對「做／不做」的選擇時**，我建議大家**永遠都一定要選擇「做」**，**這才是一個有效的行動方針**。

這與如何看待「機會」有關，我認為**若要善用機會，首先最重要的是瞬間爆發力**。意思就是不管怎樣都要先有反應。機會溜走的速度非常快，所以當你一察覺「它來了」就要提高瞬間爆發力，要有立刻撲上去抓住的氣勢。

我也明白有些人會覺得「我辦不到，我會怕」，任誰都無法在沒有心理準備的狀態下埋頭猛衝。這樣等於是魯莽地全力揮棒，可能會造成致命的錯誤。

所以，我們需要「準備」，才能發揮出抓住機會的瞬間爆發力。

而這個準備並不是指要考取什麼證照，或是學習什麼知識。既然如此，那要做什麼才行呢？

就是**要一直「妄想」**。

比方說，你的面前突然出現了你最愛的大明星向你搭話時……你的第一句話會是什麼？要經常在腦中妄想這種事。

「這種白日夢實際上怎麼可能發生」「這樣做太蠢了吧」，越是有這種想法的人，在緊急時刻越容易不知所措，只能眼睜睜看著機會溜走。

但是，會事先妄想的人，在緊急時刻都能夠得到「順暢說出第一句話」的簡單結果。這就是「善用機會」的本質。

不管妄想什麼都無所謂，如果是愉快積極的事情會更好。只要你事先想好「雖然不可能會發生這種事，但要是發生了我會怎麼做」，之後若是遇見類似的狀況，你就能發揮出其他人所沒有的瞬間爆發力。

所以，你才能抓住機會。

只要先做好在妄想真的成為現實時，當機立斷採取行動的準備，那麼隨時隨地都能夠選擇去「做」。

每個人在孩提時期都會有很多這樣的妄想。雖然社會上將青春期常見的言行和思維戲稱為「中二病」，但我有時候會想，**中二病還是要慢性化才好**。

小孩子根本不會有「辦不到」的理由。**孩子之所以會認為自己「辦不到」，是因為在整齊劃一的教育方針下，大人擅自劃定各種標準、讓他們互相比較，為他們植入「好壞優劣」的意識**。

於是，每個人原本對自己擁有的健全自信，就這樣逐漸失去了。

立刻放棄，才有其他的可能性

我可以看出**在今後的時代，工作能幹的人所需要的條件，並不是能做什麼事，而是「可以立刻下定決心放棄」**。其實原本的條件就是如此，只是今後這個條件會越來越重要。

舉例來說，新冠疫情剛開始擴大時，率先要求員工停止到公司上班、改成線上作業，能果斷「放棄」原有作法的公司，都能夠順暢地切換營運方針、扎實地倖存下來。

另一方面，執著於「窠臼」和「常識」的公司，現在各個方面的成本都已經十分緊迫，也來不及進行技術模式的改革了。

個人也是同理，及早決定放棄，會是今後非常重要的一種心態。

雖然很多人「遲遲無法『決定放棄』」，不過我在幫人做轉職諮商時，都會告訴對方「不必馬上卯足全力」。如果害怕全力揮棒的話，那就一點一滴慢慢來就好。可以只在週末的時候自行開始嘗試某件事，或是協助其他公司或組織的業務，開始慢慢投入新事物。

真正工作能幹的人，就是能夠立刻做到這些事的人。**能立即判斷「放棄這裡、到那裡去吧」的人，就結果來說才能有效活用時間，而且在新的地方也能全力投入、有所斬獲，所以幾乎沒有浪費時間和精力。**

一旦發現「這個不適合我」「這個我不行」，就馬上做出下一個選擇。能即時「跳槽」的人，不管做什麼都會有成就。

當然，如果一直跳槽而且全部以失敗收場的話，那也只是意味著一直失敗而已，大前提終究還是要找到適合自己、能有所斬獲的地方。成功機率很高的人，也就是所謂的連續創業家（serial entrepreneur），他們可以不斷創業、不斷獲得成功。

這些人乍看之下或許「無所不能」，但我自己實際與他們往來的感覺是，他們都可以立刻分辨出什麼事不會成功，並且馬上「放棄」。

無論如何，我想告訴大多數商務人士的，就是「不要一開始就不留退路、全力以赴」。**運用自己目前身上可以發揮的技能，就當作是反覆進行小型實驗，慢慢挑戰「自己真正想做的事」即可**。

這也是消除「沉沒成本」的過程，我會在第3章介紹具體的作法，總之就是**想讓自己有所改變時，最簡單的方法是先從「放棄」某件事開始**。

如果你的思考和行動可以立即切換成積極模式的話，那是最好的，但如果你需要一點改變自己的線索，不妨先從自己內在不必要的元素中，試著放棄一個看看吧。

一旦放棄，必定會發生某些變化。

即使沒有太大的變動，至少你一定會確實感受到「我放棄了」「我改變了」「我靠自己改變了」。**這些積極正向的感受，會逐漸削減你原有的沉沒成本**。

放棄某件事，自己消除自己的沉沒成本。這個過程將會是讓自己改變的「最初的一大步」。

第
2
章

以「自我中心策略」活出精采

與病毒共存時代的最佳武器

第2章的關鍵字，是我在各個場合告訴聽眾的「自我中心策略」，藉此談論如何在沒有正確答案的時代活出精采。

我在2020年自立門戶以後，到目前都在從事比過去更多元化的活動。但根據我的推測，大多數人對我的了解，大概就是「簡報」這個關鍵字，而且也以為我要談的是簡報技巧吧。

不過就如同我前面提到的，我認為**技能必定會商品化、可以取代，而且最終會變得落後**。很多人都強調「要學習一技之長」，但最重要的是，我們要先了解所謂的技能，就是在早已確立的世界裡練成的能力。

舉例來說，要磨練棒球打擊技術，這項技能必須先有棒球這項運動才能成立。因為有已經確立的世界，人們才會追求所謂的「揮木棒」技能。說得極端一點，如果棒球從這世上消失了，或是大家突然都不在乎棒球了，那麼揮棒打擊的技術就沒有任何意義了。

而且，**不論再怎麼磨練已經商品化的打擊技術，也未必能夠成為活躍在職棒領域的選手，因為這是需要「品味」的事。**

我的簡報技巧也一樣。我在2019年做過306次簡報，但是在2020年因為疫情的關係，幾乎沒有出現在集會的場合，面對面的簡報也就十次左右。由此可見，如果將簡報定義為「站在臺上面對觀眾傳達資訊的行為（技能）」，那我在這一年幾乎沒有做過簡報。

當然，我在網路上做了非常多簡報。剛開始，線上簡報的委託很少，大約從2020年5月才有逐漸增加的感覺，結果變成一年做了196次線上簡報的型態。

這麼說來，是原本面對面做簡報的人全部都直接轉換成線上作業了嗎？其實也不是，據我所知，還是有不少人「缺乏線上簡報的設備和技術」。

總之，我可以發揮一部分上臺簡報的技巧，但是網路上的簡報技巧依然和面對面完全不同。也就是說，如果你擁有的是只能在疫情以前通用的技能，結果就只能停在原地無法前進了。

那我為什麼可以順利轉移到線上活動呢？因為我**打從一開始就一直把簡報視為一種「粉絲服務」**。

培養粉絲，就是**建立「讓對方的行為自動化」的機制**。這樣聽起來好像很無聊，白話一點來講，就是把對方變成自己的粉絲，喚起他們的自發性行為。

粉絲並不會因為受人委託而特地出門、參加活動，而是因為自己想做才去做，因為「喜歡」才這麼做，這就是「行為自動化」的意思。

我從以前到現在，始終都是以粉絲服務的心態來做簡報，結果我的技能成功創造出通用化，幾乎不會受到輸出方式的限制。

這種通用的元素，以及訴諸人類本質的元素、身為人類最重要的元素，不論在什麼時代，都能夠轉化成可以彈性運用的技能。

重點在於，**這種通用的、本質上的、對人類來說至關重要的元素，又會透過自己「想要做」的自發性行為而產生**。

倘若維持著「因為客戶要求，所以就這樣吧」「這件事大略談談就好吧」這種程度的心態，一旦不再被人需要，很快就會完蛋了。

重要的並非是否有人需要，而是自己是否擁有這種強烈「想做！」「想說！」的事物。只要具備這種「自我中心」的品味，不論時代再怎麼變化，也完全不會影響到你。

當眾談話、為粉絲付出，是我骨子裡最珍重的事。而這件事的表現形式，湊巧就是我技能組合裡的簡報技巧。

換言之，**即使疫情導致時代驟變，我骨子裡重視粉絲服務的部分依然沒有改變，只是切換成網路線上的形式罷了**。所以除了簡報之外，在語音平臺Voicy也有很多聽眾收聽我談話，線上沙龍也經常有２００位以上的成員來參加。

這些在我的骨子裡都一樣，全都是粉絲服務。

各位，要不要活得更「自我中心」啊？

我認為**擁有「自我中心」品味的人，今後會更加倍成長**。就算把原有的技能磨練到極致，也不代表就能成為頂尖大師。

更別提**現今世界正面臨大重設，處於既有的規範已瓦解的狀態，技能本身也很有可能從根本上消失**。

目前已經找不太到放諸四海皆準的「必備技能」。在這個時代，自己長年賴以為生的技能，輕而易舉就會變成「沉沒成本」。

既然如此，那該怎麼辦？到最後，沒有人可幫忙，只能盡力「靠自己尋找」「靠自己思考」。**現在這個時代「該如何活出自己的精采——」**。**要尋找的就是這個**。

這才會塑造出你的「品味」。

很多人都會追求有規則的比賽。像是喜歡棒球就打棒球，喜歡足球就踢足球，在規定好的世界裡磨練技能，以選手的身分往上更加精進。

這種「因為一直都在打棒球」而對於磨練至今的技能產生的執著，剛好符合沉沒成本的定義。就算時代大幅轉變，也依然相信在自己磨練至今的技能範圍內「會有剛好符合的新需求」，結果就會受到社會及大眾見異思遷的需求左右。

的確，我們還是可以活用技能當中的一部分。好比說，一直拚命練習跑壘的棒球選手所培養出的體力，也能應用在其他運動或工作上。

但是，特地尋求其他運動並重新開始，這種作法也算是不得要領，況且又不是「別無選擇」，所以**我的建議是，「何不建立一套自我中心的規則來生存就好了？」**

世界正面臨重設，有明確保障的事物越來越少。這世上再也沒有什麼「某某運動能讓我大顯身手」這種事了。要在這樣的世界裡活下去，只要每個人都創造出自己獨有的運動不就好了嗎？

畢竟**人生是自己專屬的，只要想著「我喜歡這個、我覺得這個很有趣，所以我要靠這個活下去！」就好了**。從自己以往的所在之處飛奔到截然不同的新天地，能否擁有這種心態非常重要。

要活得更「自我中心」一點，用自己開不開心來決定就好。

邁向唯有「自我中心」才可靠的時代

現在，作為社會經濟根本體制的資本主義本身，型態也正在逐漸改變。好比說虛擬貨幣。現代的通貨系統原本是金本位制，這是以稀有的黃金價值作為全世界大致共通的前提，依此所制定出來的系統。

後來改採信用因國家而異的國家信用本位制（紙幣本位制），這是現在的通貨匯兌的思維基礎。

而所謂的虛擬貨幣，稱作技術信用本位制，基本思維是「這項技術值得信任，這種貨幣就有價值」。這項技術的基準在於區塊鏈（※），因為有這項技術，貨幣才具有信用。

我想說的是，**我們理所當然生活的日常，甚至是資本主義社會的根本，都會因為所信任的對象和前提條件而輕易改變。**

規則會因為我們信任什麼，而發生根本上的變化。

國家信用本位制和技術信用本位制，本來是毫無瓜葛的狀態。雖說同樣是資本主義，但現今卻是處於連「資本」是依據什麼來定義，都會改變我們原有常識的狀況。過去依照國力和現實國際關係定義的概念，在虛擬世界裡其勢力平衡也將逐漸崩塌。

「價值上的等價交換概念會變成什麼樣子？」

「話說回來，價值是怎麼決定的？」

我們已經來到這種地步了。

雖然有點離題，不過針對本質上的切換，管理學家彼得・杜拉克便明確指出「預測未來是白費工夫」。

「未來是不可預測的，每個人都可以看一看當前的報紙，就會發現報紙上所報導的任何一個事件，都不是十年前所能預測到的。」（摘自彼得・杜拉克著作《管理者必須有的11個思想忠告》）

這本鉅著寫於1973年。儘管那是個連網路都沒有的時代，但他卻在書中精準預測了預測未來只是白費工夫，想想，多麼諷刺啊。

一旦預測了某件事，我們接著就會想要實現某個計畫。但是像杜拉克這樣的經營管理學大師，卻斷定這種事毫無意義。

雖然這樣說可能有點誇大，不過結果**最重要的還是「你究竟是憑什麼而活」**。當大多數人都在既定的常識框架內思考、行動時，你要依靠什麼價值生存於今後的時代？

找出這個問題的答案、付諸行動，才能活出你專屬的人生。

※**區塊鏈**（blockchain）：一種線上管理金融交易紀錄的技術。由線上多部電腦共享交易紀錄，以串連成鏈的方式累積正確的紀錄。近年常用於金融和需要科學技術的金融科技領域。

「喜歡的事」和「想做的事」培育出自信

前面提到技能會商品化。要是把自信的根源放在這種技能上，它就會跟著商品化，說得更清楚一點，自己的身分認同也很有可能會商品化。

所謂的自信，本來是指相信自己，照理說並不會商品化。能讓自己的人生走下去的專家只有自己而已，所以自己商品化是「不可能」的事。

各位可以先這麼想就好，只要從這種角度去理解，應該就能擺脫原本的思維了。

但不知為何，我卻遇到很多無法這樣思考的人。「我接下來該學習什麼技能？」「我現在該進修什麼才好？」他們彷彿被什麼東西追趕似地，急著向我尋求意見。為了避免招人誤解，先聲明我並不是要批判為了某些目標而讀書學習，或是打算考取證照的人。

我的前提是，**先追尋「自己喜歡的事」或「想做的事」，過著充實豐富的人生，最終若能將這些元素應用在工作上，那是最幸運的了**。

至於沒有這種想法的人，或許正打算要做自己想做的事，但是否同時也想著「想好好利用它來增加收入」「我想要爭一口氣給大家看」呢？

如果能做著自己喜歡的事、內心希望這件事能夠應用在工作上，人生應該會很開心，但這件事無論如何都無助於提高收入，所以也會令人備感挫折。

金錢和收入是大家都很關心的主題，所以我就再多談一點。

剛才我提到，粉絲的「行為會自動化」。如果改用金錢的觀點來看，不管粉絲要向他的對象做什麼（當然負面行為除外），都需要付出金錢。

舉例來說，粉絲會付錢看最喜歡的歌手在舞臺上唱歌、說話，而那位歌手即便只是在紙上簽個名、為簽名板標價出售，粉絲都會大方地掏錢買單。

仔細一想，這只是在紙上寫名字而已。那位歌手到公家機關辦手續、簽約時，也都簽名簽到手軟了吧。但這些場合的對象並不是粉絲，所以對方當然不會付錢。

也就是說，**粉絲是「能夠發掘自己價值」的重要對象，只要自己的行為能夠吸引粉絲，金錢也會隨之入袋。**

說到粉絲，我們很容易只聯想到「人」，不過它也可以是市場，或是某種架構。薪水或銷售額正是在某個市場或架構下，符合自己表現的等價酬勞，整體而言，「架構」才是主體。

不過，在現在這個時代，**如果有哪個架構能夠包容你做自己喜歡或想做的「自我中心」行為，就可以盡量利用它**。

「如果我正在做的事可以利用這個架構的話，說不定就可以賺錢了。」

這麼一想，或許還有更具主體性、更貪心的運用方法吧。畢竟網路可以輕鬆傳播資訊，也能夠非常容易就發現可運用的架構。

在沒有架構的情況下，要追求自己喜歡的事物，而且還要靠它賺錢，實在是很不容易。但是，**如今人人都可以宣稱「我正在做某件事」了，現在這個時代，就算是賺錢，也是越「自我中心」的人越具備良好的環境條件**吧。

支持賈伯斯和比爾・蓋茲的「狂熱粉絲」能量

企業家德瑞克・席佛斯在TEDGlobal的演講〈如何發起群眾運動〉中，介紹了一支影片。新創企業也常常把這支影片奉為圭臬，它正好表現出大聲宣稱「我正在做某件事」的人，究竟是如何帶動身邊的群眾。

影片的開頭是在一座公園裡突然有個人裸身跳起舞來，周圍群眾一開始只是冷眼旁觀，如圖一之❶。不過，接著卻有一名跟隨者來到那個人的身邊，加入他和他一起跳舞，如❷所示。最後，加入跳舞的人數逐漸翻倍增加，在場所有人都陷入狂熱的氣氛中，如❸。

重點在於，❷的階段只有一名跟隨者。

也就是說，在「唯一的粉絲」追隨過來後，轉眼間跟隨者就大幅增加了。這就是群眾運動擴展的機制，完整展現出新創企業越來越狂熱的模樣。

圖一

以前，史蒂夫·賈伯斯的身邊有史蒂夫·沃茲尼克，比爾·蓋茲的身邊則有保羅·艾倫這唯一的跟隨者。而這就是一切的起源。

史蒂夫·賈伯斯和比爾·蓋茲都絕對不可能只靠自己一個人成就大事。身邊有沒有出現那唯一的跟隨者，決定了他們是否能夠創立事業。

這是非常重要的一點。

如果把故事的主角換成每一位讀者的話，各位千萬不能一開始就想幹大事，或是建立架構，重要的是先輕輕揮棒，在這裡只要把揮棒想成是**「吸引一名自己的狂熱粉絲」**就行了。

只要有一個人異常贊同你正在做的事，之後跟隨者就會不停增加的可能性並不低。很多人都有「發起行動或革新的人都是天才」的「成見」，因此認定這是史蒂夫·賈伯斯才能辦得到的創舉，不過只要看過這支影片就能發現，**即便只是一個普通人也能造就出狂熱**。

話說回來，就算你與全世界約78億人當中的一個人比較後，覺得「我辦不到」，那又怎樣？史蒂夫·賈伯斯和比爾·蓋茲也和各位一樣都是人類，既不是神，也不是外星人。他們的判斷速度只是比別人稍微快個一秒，或是視野比別人寬個一公厘而已。我覺得就是這樣日積月累下，才會造成龐大的差距。

我希望各位都一定要實際觀看這支影片，裡面包含了能夠激勵人心的元素。**只要做自己喜歡的事，肯定會讓某個人發現到箇中價值。願意成為你的狂熱粉絲的人，全世界或許就只有這麼一個。只要願意接受這個事實，就能夠朝著自己想要做的事伸出手了**吧。

無法著手去做自己想做的事，說得更直接一點，就是因為沒有自信。因為在去做以前，你會想著「這不能當飯吃吧！」「一直做這種事有意義嗎？」「這豈不是白費工夫嗎？」「可能會失敗耶」不斷否定自己好幾次。

我覺得，這種狀態就是受到名為「過去」的「沉沒成本的根源」所影響。倘若過去曾經歷過嚴重挫敗而產生心理陰影，那還無可厚非；但卻有非常多人明明沒有心理陰影，卻莫名其妙受限於過去的沉沒成本。

這就是受到從小的教育和環境影響，被過去的價值觀掌控。這種心態可能會在無意識中深植人心，因此才會讓人覺得「好不容易苦撐到今天，這樣就放棄太可惜了。」「反正現在還過得去，沒有必要特地去冒險吧。」

我的意思不是說各位在目前的位置累積資歷是毫無價值的事，只是提醒大家，**如果待在目前的地方或是職位、繼續採取符合自己身分地位的生活方式，當那個容身之處一消失，你也可能會跟著迷失活下去的意義**。

而實際上，現在的各個領域，那些原有的「地方」都正在逐漸崩塌中。

「自我中心」思維能與「尊重他人」共存

我原本是將自我風格、表現自己的「品味」，視為人在生存過程中自然就會培養出來的東西。因為**這無法透過自己獨特的體驗磨練出來，也不是在書桌前埋頭苦讀就能獲得**。

所以我才會認為能在前面提到的「輕輕揮棒」過程中，同時磨練出「品味」。

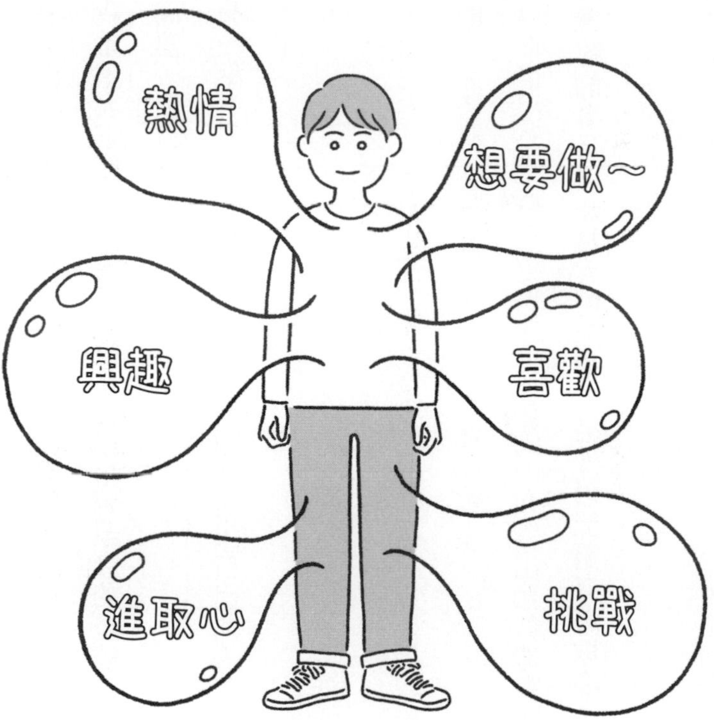

圖二

哪怕再怎麼微不足道，自己所展現的獨創性，全都是由自己的品味孕育出來的。反之，如果展現出來的東西能夠任人模仿，就算得上是一種技能吧。

因此，我**希望大家能在今後好好轉化自己培養至今的技能，以「自己內在孕育出的產物」為武器，依靠自己的品味活下去**。

如此一來，姑且先不論結果，至少你能因此活出自己的人生，再也沒有必要分割自己的人生了。

若要以「自己內在孕育出的產物」為中心而活，可以運用我經常在演講和講座活動中介紹過的，大多數人最好都要有的「想像」模型。

首先，以你自己為中心，想像一下從你的內在冒出類似能量的東西。好比說**你喜歡的事、感興趣的事，以及最大的熱情。另外可能還有進取心，挑戰欲也包含在內**（圖二）。

這些積極正向的能量不斷往外膨脹，越脹越大，最後變成球體包住了自己（圖三）。

圖三

然後，這裡的重點就是，想像這顆球在空間裡飄浮的狀態。這時，可能會有人想像成「像球一樣彈跳的感覺」，那就不對了。彈跳的現象，是指某一處必定有地面，而且受到重力拉扯的狀態。要是換成這種模型，就會變成自己「被某個力量控制」的狀態了。

不能想像成球，最重要的是想成沒有重力、總是輕飄飄浮著的狀態。這是在所謂的三維空間內無重力飄浮的狀態，**除了自己在中心以外，沒有其他固定的東西**，也沒有方位可言。

在這個空間裡，你就只是輕飄飄地浮在空中。

接下來，你環顧四周，才發現四周也有同樣輕飄飄浮在空中的人（圖四）。有人在遠處和自己朝著相同的方向浮著，也有在你看來像是整個翻轉的人，身邊也有朝著完全不同方向的人，在各個位置、有各種大小的球體飄浮。

圖四

不過，你沒有必要去在意其他人。這裡的空間無限寬廣，所以不論你置身何處都無所謂，總之就是處於可以完全自由選擇的狀態。你可以隨意飄浮，也可以在原處擴張球體。

前面提到，包覆自己的球體是由「興趣」「熱情」「進取心」等能量所構成。因此，如果你對某個人產生興趣，就可以依照興趣不斷擴張自己的球體，縮短彼此的距離。

比起實際靠近對方，最好還是想像成擴張自己的球體，讓別人能夠進到自己的球體裡。

當然，你們彼此也可以「通訊」。只要輸出某個想法，就會得到某些反應。雙向通訊也可以任意進行。

不管怎樣，總之就是要認知到這個沒有上下左右之分、什麼都沒有的３Ｄ無重力空間裡，有形形色色的人飄浮著。

這就是我現在最重要的想像模型，是我的價值觀，是我心中的世界形象。

以3D印象造就思考深度

我之所以在演講和講座等場合，宣揚這個乍看之下很奇怪的模型，當然是有理由的。

因為，**人類都過度傾向於用平面的觀點來看待事物**。

就連本來是3D空間的宇宙，人類也會用2D的觀點去解讀。最典型的表現就是星座。比方說仙后座，從地球看起來，的確是連成W形。

然而實際上，仙后座α和仙后座β這兩顆星，並不是比鄰排列；只是人類自顧自地從某個角度觀看，為了方便起見，就決定「這些星星呈現W形」。

而且，理所當然的是，α星是否比β星更「高等」的上下關係，在宇宙空間裡根本不存在。「星等」這個單位是指星體的亮度，但這也只是人類的一廂情願，星體之間才不會思忖著「那顆星體比較亮，所以我們必須服從它」這種事情。

但是，當人類一採取那種觀點來決定座標後，單純只是浮在宇宙裡的星體，看在

圖五

人們的眼中就是「排成了W形」（圖五）。儘管它們之間擺明毫無關聯。會正經八百做這種怪事的，正是我們人類。而且其實大多數人，內在都預設了這種心態。

所以，我才會一有機會就向大家宣導這件事：

「人類打從一出生開始，就自由地飄浮在無限寬廣、概念上的空間。」

每個人都置身於世界的中心，周圍有球體包覆，可以任意擴大球體。大家只要秉持這種思維，自由地活著就好了。

就某種意義來說，剛才提到的星座就是外界的「評價」。即使我們各自飄浮在不同的地方，也依然一天到晚想著「那個人會怎麼看我」「別人對我有什麼評價」並活著。

當然，人類是一種社會性生物，了解「這個人如何看待事物」「公司是用什麼標準來考核員工」這些現實，可以當作一種參考，以便相對地掌握世界的脈動。

但是，「我現在是在仙后座的右上方嗎？那我就是人生贏家了嘛！」諸如此類的想法，雖然是個人自由……但自己的人生位在仙后座的右上方，只是代表從某個角度（評價）看起來是贏家而已，這種觀點並沒有任何本質上的根據。這儼然就是已經化為沉沒成本的思維典型。

所以，如果你的身邊有人會說「我可是在右上方」「你是在左下方吧」這種話，你一律回答他「是喔」就好了。要是當面理論，只會淪為無用的紛爭，所以用「是喔」的心態處理或許還比較好。

只要把對方說的話，當作「是喔，原來你是這樣想的啊」「好喔」就好了。

你**沒有必要在意那種莫名其妙的人的評語**。

為了避免自己開始想著「非那樣不可」「應當那樣」，讓思維在不知不覺中淪為沉沒成本，各位一定要想像自己置身於球體內、飄浮在３Ｄ空間的狀態。

讓身邊充斥著自己喜歡的事物

重新把自己定位成世界的中心，讓自己相信「身邊只要充斥著自己喜歡的事物就好」。這是幫助你向前走得更遠的第一步。

為遭遇各種困難而受到精神打擊的人做心理諮商時，最先使用的方法，就是告訴他們「你很重要」。這種思維是讓他們回歸自己是自己的原點，防止他們更進一步受傷。

相信「我很重要」，是讓人能夠活得更好的大前提。有名、漂亮、聰明、高學歷、在良心企業工作、年收入很高……這些都是個人的資產（資源、財產、長處），但也都只是加諸在自己身外的社經地位而已。

倘若因為重視這些東西，而忘記「我很重要，我就是一切的中心，四周包覆著美好的世界」，不論外表再怎麼光鮮亮麗，生存的根基還是搖搖欲墜。這種現象在這個時代依然屢見不鮮吧。

尤其是現在，所有資訊皆以社群網站為中心傳播開來，很多人已經習慣總是拿自己與某個人比較，以相對的方式丈量自己的價值。所以，我才會建議大家要「自我中心」。

「自我中心」這個詞，會給人一種自私自利、任性妄為的負面印象，但我就是刻意要用這個容易引人誤解的詞彙來傳達概念。

「當個自我中心的人，讓自己的身邊充斥著自己喜歡的事物就好。」如果不一直這麼說服自己，有些人肯定無法克服絕望的困境，我是這麼想的。

我原本就有非常內向的一面，所以在新冠疫情擴大以後，我也不是很介意整天關在家裡、足不出戶。

但是，社會上好像有很多人因此不知所措。「為什麼會這樣啊？」我思考了一下，有一天才突然頓悟：「哦，可能是大家還不習慣自我中心吧。」

如果不以「我比某人優秀」「有某人的肯定才有現在的我」這些標準來衡量自己的身分，就找不到歸宿的人，恐怕還滿多的。所以，當這些人被迫關在家裡，失去了可以相對評估自己的標準以後，沉沒成本就會增加，導致精神狀態失調。

我覺得有太多人無法信任自己、無法好好肯定自己。

前面提到《真簡單，這樣就能成為溝通高手》這本書裡，列舉了「人類擁有的三個本質」。

①想要覺得「自己很重要」

②只對「自己」相關的事情感興趣

③「以德報德，以怨報怨」的自然法則

怎麼樣？換句話說，不管是誰，本質上或許都可以說是「自我中心」。如果根本沒有理由譴責自我中心的思想，我們也就沒有必要特意小看自己。

不過，有一點千萬不能忘記，那就是其他人也都是「自我中心」。**既然我是自我中心，當然大家也都是自我中心。以這個為前提來認識彼此，是非常重要的事。**

沒有人有資格批評「某人很自我中心」。

我現在就是這麼想著，提醒自己要盡可能自由地活下去。

「自我中心」是與他人友好不可少的條件？

剛才我已經示範過，如何在想像中向外擴張包覆自己的球體、縮短與他人的距離。不斷拓展自己的興趣、好奇心和熱情，與自己球體交疊的人就會越來越多，最後就會有其他人進入自己的球體。

這才是互相認同多元價值觀的「包容力」和「寬容力」。這份資質也是能夠成就大事的人所具備的一種特徵。

但是，有些人好不容易能用「自我中心」思考出自己理想中的姿態，擴大球體之後，卻把別人撞翻。有些人就是想著「我要堅持這個作法」「錯的是你」，一天到晚衝撞別人。這種人並不是球體，而是仍有一部分處於平面狀態，才會帶有尖銳的稜角吧。

有尖銳的稜角，意味著表面積有一部分極為狹窄（尖銳的末端正是一個點），已經是非常接近1D的直線狀態。這也就是除了自己以外不承認任何人的態度，誤解了「自我中心」的意義。

球體原本是柔軟輕盈的東西，擁有不易傷害任何物體的形狀。因此，認同每個人的「自我中心」，並沒有什麼大不了的。只要具備可以隨時接納對方的心胸，那麼球體就只是單純地交錯，根本就不會覺得「有人撞過來了」「我被傷害了」吧。

球體之間互相接觸，反而還可以為彼此注人能量。想像一下能量在球體之間雙向流通的樣子，為彼此注入能量，雙方就會一起茁壯。我們也可以自由決定要不要這麼做。

有些人總會讓你覺得，只要見到對方就能得到活力，或是彼此都能變得更樂觀積極吧。我會想見的人，也是這種能夠互相傳輸能量的人。一見面就能進入互相充電的狀態、讓人覺得「明天又能繼續努力下去」的人，才會令人想要一見再見。

反之，如果是很景仰我、卻又只會一味吸走能量的人，我的能量就會逐漸萎縮殆盡了。我**總覺得在交互作用中彼此傳輸能量的關係，能夠成為支撐自己的根基**。

站在工作的觀點來看，現在非常重要的是，要讓對方了解「能互相傳輸能量的關係」的重要性。

在新冠肺炎疫情爆發以後、無法尋得正確答案的時代，**先靠自己的頭腦思考，然後對他人「付出」，自己的付出與對方的付出交互作用，藉此不斷擴大自己的球體**（圖六）。

如此一來，就能更加向外拓展新的接觸點和機會。重點在於要逐漸轉換成這種思維。

只要在被賦予的條件限制下、完成被賦予的任務，持續累積經驗就好了嗎？抱歉，這種時代已經結束了。現在連工作的定義都更新得很快，沒有哪一種技能是萬無一失，這只是一種幻想罷了。

過去當紅的職業，絕大多數都已經確定可以由ＡＩ取代，在這個狀況下，終究還

圖六

是必須與形形色色的人建立能量互輸的關係。

因此，**隨時保持「柔軟的身段」非常重要**。

從自己主動付出開始

有些人很愛說「等你成年以後就很難交到朋友了」。但是，我反倒是在40歲以後，才交了很多新朋友。我覺得這是因為我會經常留意剛才提到的，對他人的「付出」。

我以前將這個概念稱作**「付出優先」**（Give first），當自己想著要先對他人提供某些東西時，心靈和行動才會一致。

我在年輕的時候，非常不善於交朋友。學生時代的我甚至連朋友的定義都不太清楚。

學校這種地方，基本上是設計成所有學生一律做同一件事；至少在我那個年代，學校並不會要求我們「付出」什麼，我也沒能在那裡找到表現自我價值的領域。

不過在我出了社會，尤其是在40歲以後，我可以「付出」的事情變多了，結果很多事情都開始順利運轉起來，讓我交了很多可以在緊急時刻互相幫助的朋友。

成年以後交到的朋友，最珍貴的是在互相幫忙時，並不需要特別的理由和條件。如果是在商業做生意方面，會有金錢的往來，於是人與人交往的理由和條件就是「交易是否公平」。但如果是朋友，這種條件在某種意義上就無所謂了；只需要「喜歡對方」「想跟對方融洽相處」這些理由就好，不再講求詳細的條件。

好比說我本身在武藏野大學創業精神（Entrepreneurship）系當專任教師，其他一起共事的專任教師，都是我直接私訊「拜託」系主任伊藤羊一先生召募進來的。

羊一先生在Z控股集團的企業大學「Z學院」裡，負責培育次世代經營階層、總經理階層的領導人才，另外也在各大活動中，積極向各個階層傳播資訊。還有，他的著作《極簡溝通》，在日本是賣破53萬冊的暢銷書。

有如此成就的羊一先生所邀請的教師，全部都是行程滿檔的現役商務人士，個個都是大忙人。但是，只要他一開口，所有人的反應都是：

「好啊，什麼時候？」

每個人都二話不說當場答應。由於大家都是以「要做」為前提直接往下談，反倒是羊一先生還比較惶恐。

「真的可以嗎？為什麼每個人都這麼乾脆？」

事後我才知道，原來他是這麼想的。

這件事的理由也很簡單，因為大家對羊一先生的認知就是「我們是朋友啊」；當然，其中也包含了「不管和這個人做什麼事，都一定很有趣」的預感。

而他們也會自然地認定，即使事情進展得不順利，只要能為羊一先生全力以赴，那就足夠了。

請求他人協助，當然最大的前提是要有可以求助的對象。如果是反過來有人求助於我，那肯定代表對方也有意幫助我，才會輕易請求我「幫助」。

「因為這是好不容易才建立的人際關係」「因為我們的交情很久」「因為我們是

大學同學」，即使你能這樣勉強說服自己，這種關係也只會淪為沉沒成本。這些只不過是將以前姑且建立的關係視為理所當然而已，如果你感覺到心靈因此耗損的話，代表差不多可以結束這些關係了。

只要提醒自己主動「付出」，人不管活到幾歲，都一定可以建立能夠坦然互相求助的關係。這種關係在無法預測未來的時代，肯定能夠豐富你的人生、成為強力的支援。

過去會奪走現在的自由

如果你一直背負著過往人生的「沉沒成本」而活，那你的球體當然就很難擴大了。

我再重申一次，**沉沒成本基本上是指「過去」的事情。所謂的過去，不論是成功經驗還是失敗經驗，一旦你對它產生執著，就會嚴重侷限現在的你**。

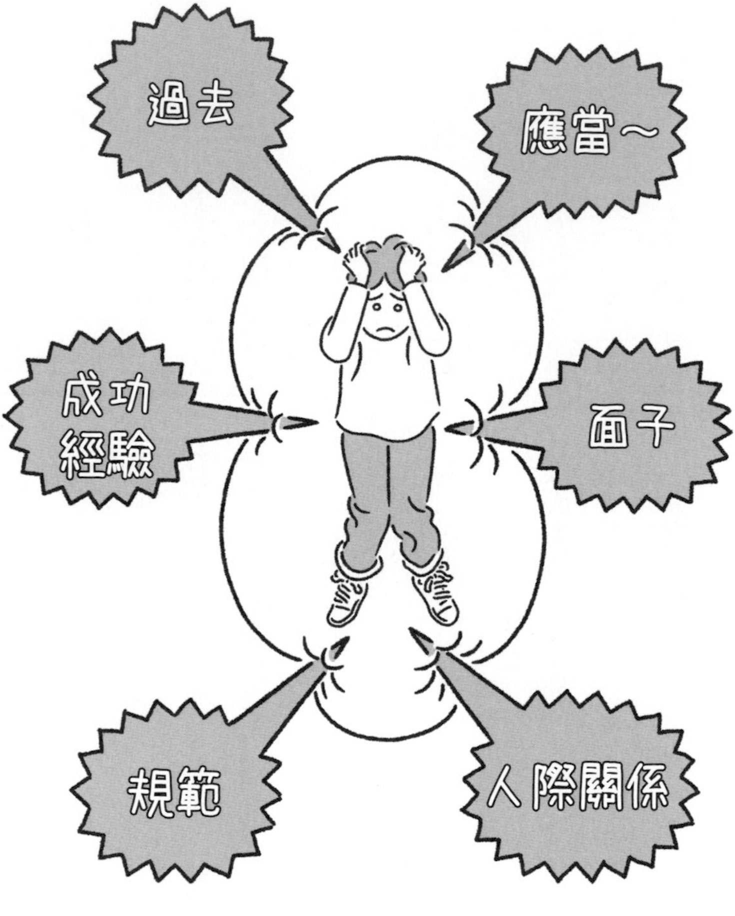

圖七

基本上我認為，過去並不會擴張現在的自己，反而會成為壓縮自己球體的壓力。自己的興趣和熱情，其實可以拓展得更寬廣；但受到過去的束縛，就會縮限興趣的範圍，導致好不容易開始萌生的熱情很快就會熄滅。過去並不會朝著「用自己喜歡的事物來滿足自己」的方向施力，而是一定會促使球體收縮（圖七）。

換言之，就是處於漸漸遭到沉沒成本壓垮的狀態。

如果你的心態是要憑藉過去「創造未來」，那倒無妨；但若是一直想著：「為何我這麼廢？」「為何我那個時候沒有行動？」光明的未來永遠也不會來臨。我本身有完美主義的一面，所以很能體會這種心情，但要是一直這麼想下去，根本就不會發生好事。

如果是懷念昔日歲月、用「以前發生過這種事啊」的想法，把它當作一場美好回憶的話，那麼過去就只是雪花球裡飄浮的閃亮紙花。既然是快樂的回憶，那肯定能將人生裝點得美麗繽紛吧。

即使如此，我也認為**過去發生的事**，**終歸「只是已經流逝的事」**。倘若這份記憶能夠點燃自己現在的熱情，就儘管依靠它；能夠**孕育出如此美好回憶的熱情**，應該**依然還深藏在現在的自己內心**才是。

過去發生的事情，並沒有決定自己現在的人生。

當然，我過去的遭遇，也沒有成為我現在的自尊和原動力。美好的回憶固然令我喜悅，但我不能對它產生執著。**即使將失敗和成功都視為閃亮亮的回憶，它們肯定也不會變成擴張自己球體的能量**。

要為自己專屬的球體保持柔軟度，有時候也非常辛苦。因為四面八方都圍繞著外人的意見、指教、評價、某些壓力，身邊總是充斥著許多逼人強硬起來的條件。

但是，因此縮小「自己的可能性」，才是最可惜的事。

所以，我才希望讓更多人都能夠培養出這種想像。

第 3 章

放棄的技術

人際關係

再舒適的關係也會變調

有什麼方法，可以消除在不知不覺中、一不留神，就壓在身上的沉沒成本呢？在第3章，我將介紹能讓你實際「放棄」各種事情的具體方法。

首先就從人際關係開始。

人際關係淪為沉沒成本的狀態，是指人生在某個時刻建立的關係，之後仍拖拖拉拉地延續下去，變成「雙方理所當然要在一起」的狀態。

最典型的關係就是以前的同學和同事。單純的老同學或老同事，未必就值得現在的自己無條件花費時間在他們身上。當然裡面也包含一直都很有價值的關係，重點在於要把這些關係當成自己的選項之一。

只要你暫且將這種可能性放在自己的心上，就會發現「咦？我們講話好像不投機耶」「感覺跟他在一起沒什麼收穫啊」，對於變化就會更加敏感。如果你有這種感覺，或許就代表那段人際關係正逐漸淪為沉沒成本。

總之，你**大可懷疑那段人際關係，是否早就已經不值得自己花費時間**。當然，你們過去一起共度的時光是有價值的，但你們彼此的成長向量無論如何都會改變，所以這並不能保證你們的關係值得繼續花時間經營。

評估一段關係的基準是，**如果你們之間的話題都圍繞在「過去的事和回憶」，或是趕流行的「速食話題」，那就要小心了**。我並不是說那種話題完全不能討論，而是彼此的對談變成以那種話題為主、令你感到煩躁的話，代表這時你可以刻意減少與對方見面的頻率了。

偶爾才吃一次的泡麵堪稱人間美味，但是當它變成主食以後，最顯而易見的壞處就是有害健康吧。你也差不多到了追求有營養的人際關係的時期了。

我希望各位都能記住，**人際關係是一種「配對」**。

你和A見面時，不能因為你覺得很煩躁，就認定A這個人不好或是很無趣。要是你有這種誤解，視角就會變成「我可以，但是他不行」，變成只靠身分地位來判斷別人。

你只是在過了好幾年後，「湊巧」和對方發展成這種關係而已。人際關係終歸是一種「關係」，重新評估彼此的關係一點也不過分，也不代表什麼。只是你要明白，**重新評估關係後，並不會導致對方失去價值**。

在某些情況下，與過去曾經照顧過自己的人，也可能會變成那種關係。我本身也有個一直都很感恩的人，也有好幾個人對我非常好。但是因此要我無條件將自己現在的時間分配給對方，那又是另一回事了。

人際關係會不斷改變下去。

感謝對方過去的關照，這份心情並不會改變，只要這樣就足夠了。沒有必要勉強自己每個月都和對方去吃飯喝酒、用行動來表達自己的感謝。

即便是對方主動邀約，只要自己沒有意願赴約，就算對方是曾經關照過自己的人，也要找個不會得罪人的藉口，調整與對方見面的頻率。

面對人際關係，始終都**要著重於彼此是否能夠互相給予價值**。

放棄淪為沉沒成本的人際關係①：

減少單獨相約的頻率

有些人一旦主動減少邀約頻率，就會開始擔心「不曉得對方有什麼感覺？」「這樣做果然還是很失禮吧。」

但是，如果對方真的覺得你的行為「很失禮」，正好代表這段關係可以結束了。只因為這種事就受到影響的關係，意味著雙方根本的價值觀已經有了歧異，換作是我，就會覺得「那就這樣吧」。

反過來說，**當你覺得這段關係有些不對勁時，主動減少見面的頻率，也可以當作是考驗這段關係的價值**。

雖然我使用「結束」這個詞，不過當然不可能突然跟對方絕交。

這終歸是指減少相約的頻率，具體來說，就是不要明確地決定相約的日期，改用

「有時間再去吧」「有機會再一起去」這類模糊不定的說詞，或許是比較簡單的作法。

人生理所當然每個人都只有一次，而且無從得知何時會結束這一輩子。加上一天還有24小時的限制，考慮到時間的分配，不管怎樣都需要重新評估花費在人際關係的時間。

即使你覺得人際關係「一如往常」，但你還是會遇見新的人，總是會感到負擔。因此，我們不得不為人際關係排出某種程度的「先後順序」。

況且，**活在資訊如此氾濫的社會裡，為了讓自己成長下去，需要不停汰舊換新**。這時若只是因為對方過去曾經照顧過自己、以前的交情很好，就受限於這種關係的話，等於是浪費現在寶貴的時間資源。

總而言之，就是**不要變成「等價交換」**。

這裡所謂的「價值」，並不是指對方身為一個人的價值。只要隨時意識到這一點，就不會輕易導出「對方沒有價值」的想法了。

前面我提到，人類「想要認為自己很重要」，如果能夠反向思考、認為「其他人並不重要」，就能夠順利地建立人際關係了。

這一切終歸只是因為你和對方活躍的領域改變了而已。而且，為了讓彼此都能繼續成長、幸福地活下去，所以你才需要主動改變邀約的方法。

放棄淪為沉沒成本的人際關係②：
只約定「大家相聚的機會」

如果你很排斥模糊不清的邀約，也可以試著**設定大家相聚的機會**。不要把場合設定成單獨見面，而是妥善運用「下次同學會再見」這種為許多人共同準備的場合。

各位應該都曾經在活動或聚會上被介紹給別人，或是有人透過網路接近自己，並且接到對方邀請說「有機會一定要跟你見面慢慢聊」。

雖然對方以為「單獨邀約的話你應該會答應」，但你有時候應該也無法理解，為何自己必須撥時間去見他吧。

無法掌握對方的意圖，或是感覺自己被利用的時候，只要這麼告訴對方就好：「以後還會有類似這樣的活動，到時候你一定要來，我們一起參加吧。」

即使活動和聚會並不是由你主辦，也沒有關係。

總之，當下還無法判斷對方是否值得你單獨安排時間給他的話，那就用截然不同的方式告訴對方。這麼做的理由很簡單，因為人生的時間終究有限。**如果不能妥善管理時間資源，「沒有惡意的外人」就會在不知不覺中奪取你的時間**。

順便一提，如果對方參加了你當初邀約的活動或聚會，代表他願意特地花錢和時間來見你，你們的關係就會稍微發生一點變化。某種意義來說，這或許可以說是你欠了他一分「人情」。

雖然你不必勉強和對方往來，但這也算是一個與對方建立新關係的好機會吧。

放棄淪為沉沒成本的人際關係③：

人際關係不是資源，就只是關係

想要建立一段不易淪為沉沒成本的人際關係，那你也要注重以**「不被對方奪取」**的形式來建立關係。

經常有人對我說「想跟你請教做簡報的技巧」，但是我百分之百肯定，有成就的人都會試圖自行解決問題。

舉個例子來說，我的朋友流鄉綾乃小姐，是昆蟲技術企業MUSCA股份有限公司的前執行長。她在一場活動上認識了我太太，曾經找我太太談說「我最近有一場比賽，所以想要了解一下學習簡報技巧的方法」。

那時的她並不是說「想要見我一面」，而是說「想請教學習的方法」。因此我太太推薦了幾本我的著作給她，她當場就買了書，後來也非常仔細研讀這些書。結果，她一次都沒有見過我，就在那場簡報比賽漂亮地拿到優勝。

後來她第一次見到我時，還特地當面向我道謝，那時我知道事情的原委以後，非常感動，於是我告訴她「下次還有需要的話，隨時都可以來找我談喔。」也因此我們至今依然保有良好的交情。

但是，我也遇過很多與這件事完全相反的經驗。像是在活動會場上，只不過是透過熟人碰巧認識的人，劈頭就對我說：「我之後需要做簡報，請你教教我。」如同我前面提到的，我的回答是「我最近會舉辦關於簡報技巧的講座，請你務必來參加」，但還是會有人試圖透過我太太來占用我的時間，或是寄來他自己做的簡報影片說「請你看一下」、強迫我提供建議。

簡單來說，這就是**沒有努力做到社會人士基本要有的「自主解決能力」，也就是沒有「先自行解決自己的課題」的狀態**。

而且根本上最奇怪的是，將人際關係視為自己「所有物」的態度。

關係（Relation）**和資源**（Resource）**是完全不同的概念**。我認為前提是，關係終歸是一種交互作用，既然都是大人了，那就需要「互相貢獻」。人際關係就是這樣成立的，照理說社會本來也是這樣建構起來的。

不過，資源是一種所有物。如果是個人擁有的物品，個人就可以任意使用，但不論再怎麼把關係視為一種資源，我們也不可能隨意控制別人。

即使狀況沒有這麼極端，不過在我看來，**當你覺得這段關係「好像怪怪的」，通常就代表它正在以關係為名義，削減你的資源**。

因此，在你覺得有些奇怪，或是感覺到自己的時間和精力遭到剝奪時，就要挺身捍衛你寶貴的資源。**引用外商企業的說法就是「圈圍」**（ring-fence），**最重要的是要圈起自己的預算和時間等資源，好好保護它們**。

這世上每個人的思維都不盡相同，所以各位一定要學會站在圈圍保護的觀點做人處事。

放棄淪為沉沒成本的人際關係④：

當志工練習付出

除了要注重建立不被人奪取、無法被奪取的關係以外，接下來我希望各位也一定要留意我前面提過的「付出」的關係。

「付出」的東西可以是自己的技能，也可以是時間，什麼都可以。

如果你「有想要認識的人，卻苦無機會」的話，我的建議一律都是去應徵當活動的志工。

也就是參加你有興趣的聚會，從事「有什麼需要我幫忙嗎？」的工作。

這個方法**可以自己選擇想要見的人，而且是站在「付出」的立場，所以有望建立品質非常好的人際關係**。對方記住你的機率會提高，如果你工作夠勤奮，或許還能給對方留下良好的印象。

我雖然還稱不上是公眾人物，但我平均每年都還是會拿到數千張各方人士的名片

（疫情爆發後面對面的機會變少，拿到的名片也少了很多）。不過我就直說了，我實在沒辦法記住到底有哪些人給過我名片。反倒是志工幫我帶路、提供協助的舉動，更令我印象深刻；如果對方給我的感覺很好，我會更感謝他。

我認識的某個大名人也談過同樣的事，**只見一面就能讓自己記住的，都是「付出」了某些東西給自己的人**。

在活動會場幫忙帶路實在令人感激，而且會一直留存在記憶裡，若是在日後有望重逢，肯定能想起來「你就是那個時候的人」。對於登臺嘉賓來說，在會場裡迷路真的很麻煩，所以即便對方只是帶個路，也會讓人覺得「他在我有困難時幫了我，真心感謝」。

當然，這些事不一定會百分之百記住，但是比起在單純偶然的機會下交換名片，印象絕對更好、記得更清楚。

有些人會參加講座和交流會來拓展人脈，但我個人的感覺是：「要在那種交換名片的地方成功建立關係，除非是在非常偶然的情況下，否則根本不可能吧？」追根究柢，我又不知道會有誰出現在會場上，還一直主動跑去這種無法自己選擇對象的地方，這簡直就像是尋寶一樣，效率太差了。

當然，就某種意義來說，在那種場合下人人平等；但是反過來看，那也是非常難以「付出」、貢獻的地方。況且，只是交換了名片，日後要是對方跑來相認，任誰都會忍不住提高戒心，畢竟根本不記得對方，也不清楚對方的意圖和目的。

順便一提，以工作人員的身分參加活動時，雖然有機會跟想見的人說話，但很多人都是「緊張到什麼都做不了」。不過根據我的經驗，知名度高而且風評很好的人，大多數都不會覺得「自己高人一等」。他們通常可以平等友善地對待所有人，所以各位可以盡量抓緊機會向他們搭話。

要是你很擔心「該怎麼搭話才好」，不妨現在就馬上在腦海裡幻想這個場面吧。像是「可以提出哪種話題」「表現出自己有多迷對方」等等，隨便在腦海裡妄想各種場面，進行模擬正式上場的演練。如此一來，當你偶然遇見真正想見的人時，或許就可以泰然自若地向對方搭話了。

當志工，肯定是個充滿刺激、可以建立良好人際關係的絕佳機會。

工作・以貢獻為軸心，評估工作的重要程度

在平常的工作當中，具體地採取「放棄」的態度很重要。

我想要先告訴各位的是，**把工作視為「貢獻」的觀點**有多重要。工作是為了使自己成長、達成目標而做；但另一方面，它也是為了對自己隸屬的組織和社會有所貢獻而做。

因此，透過自己最擅長或最喜歡的事，具備「為大家貢獻」的觀點，是決定是否辭去無用工作的關鍵。反過來說，決定辭去自己沒能做出什麼貢獻的工作，也能為身邊的人帶來良好的影響。

我就舉開會當例子吧。**自己幾乎不發言的會議，或目的只有出席簽到的會議，就**

是浪費時間和精力的典型，所以要盡量下定決心放棄。如果你的理由是「畢竟我一直都會出席啊」，那就代表這件事已經淪為你的沉沒成本了。

每當我這麼說，都會有人辯解「可是實際上，我一個小職員很難當著上司的面缺席會議啊」。

但是請各位想想看，我的意思並不是單純的「別出席無用的會議」，而是**放棄自己沒有出席意義的會議，就能省下這段時間，用這段省下的時間、為公司貢獻其他更有價值的事**。

各行各業的工作型態都不盡相同，不過縱然只是放棄出席一小時的會議，只要與會議前後零零碎碎相加成一小時的時間合併起來，就有完整的兩小時可以規畫了。這麼一來，活用可以全神貫注的兩小時，肯定能夠孕育出什麼成果。

這段時間可以用來打造會讓更多人覺得「讚！」的小小計畫，也可以做一份實用的報告交給上司。在這段時間內從事業務行銷、敲定重要的案件也很不錯。反正只要是為了大多數人謀求福利，特地撥出這兩小時來執行，反而可以提升自己的好形象。

只要你能夠主動擠出時間，就可以有效率地活用，還能創造出成果，所以你一定會覺得工作越來越有意思。不過這終歸是要以自己最能做出貢獻的事情為優先，**為了孕育出更多成果，最好要具備「放棄」無用事物的思維**。

即使如此，應該還是會有人覺得：「就算是這樣好了，但每家公司的狀況都不同，一般來說根本就不允許我們這麼做啊。」但我想問這些人一件事：**「那你實際嘗試過了嗎？」**

或者我換個方式問：**「你有沒有思考過，你現在的公司缺乏什麼，而你在這方面能夠怎麼做出貢獻？」**

遺憾的是，我已經見識過很多人用「公司怎麼可能允許我這樣擅自作主」，來當成自己不做事的藉口。

如果我是你的上司，看到你決定不出席某些會議，卻能相對交出高水準的報告，反而會給你很高的讚賞。不過可惜的是，也有很多主管階層只會依照規範和習慣來評估員工。

既然如此，那就把自己主動安排的計畫當作是一種素材，用來思考自己日後的選項吧。

倘若自己有能力貢獻的事情無法獲得青睞，那不正是考慮跳槽的好時機嗎？畢竟在這種公司繼續待下去也沒有意義，這或許就是說服自己的好機會呢。

放棄論為沉沒成本的工作①：

事先決定好「先後順序」

我在微軟公司上班時，比起公司內部的會議，我經常都是以客戶面談為優先。這也是我們團隊全員的共識，所以沒有人會因為缺席公司會議而受到責難。

只要說一聲「我和客戶有約」「這個時間正好在辦活動」，大家的反應也只有「是喔」「要去見客戶啊？那就去吧」。

總之，要釐清會議的先後順序，凡是與客戶會面、牽涉收益的業務、能創造價值的行動，一律排在比內部會議更優先的位置。

請大家一定要確定自己的會議先後順序。我就說得更清楚一點，**如果用撲克牌來比喻的話，「公司內部的事務不可能是人頭牌」**。

所以，為了不讓上司認為自己是想逃避開會，刻意將重要的會面安排在會議時間，也是一種工作策略。當然這種作法有其極限，所以我建議還是要老實向上司坦承，不過當自己的「人頭牌」來到手上時，最好還是要放棄開會。

別想著臨機應變，如果能夠事先用自己的基準，確定「能夠創造自我價值的事務，以及能對公司對外事務效力的事，全部都是人頭牌」的話，決策和工作的效率就會不斷上升。

順便一提，我也把家務事當作「人頭牌」。職場普遍的風氣是譴責因家庭問題而缺席工作的人，但我覺得這種想法實在是很奇怪。

把自己和重要家人的「人生時間」放在心上衡量，家務事分明就是人頭牌；與此相比，團隊的例行會議、部門聚會，在我看來等級差不多就是梅花3而已。就算是老闆親自出席的會議，在我心上也只是方塊7，而老闆的個別面談則是黑桃10，用這樣的感覺來應對。即便是與老闆有關的要事，也絕不會跟人頭牌一樣重要。

雖然狀況因人而異，不過**事先確定自己理想中的先後順序，判斷起來會輕鬆很多，效率也會提高，工作的產能也會不斷上升**。

儘管現在都切換成線上會議了，但還是有些上司會召開沒必要的會議來占用員工的時間，建議大家還是趕快解除這樣的關係，好好守護自己的人生吧。

放棄淪為沉沒成本的工作②：「不做也沒關係的事」就不要做

我見過很多商務人士，在我看來「工作很能幹的人」，都有一個共同的特徵。

那就是**「可以在短時間內做出有彈性的判斷」**。

在這個特徵中，有些人比較能夠做到「短時間」，也就是做事快速俐落的人，相信大家身邊也有這樣的人。但是，各位必須意識到一點，做得快雖然是工作能幹的一個要素，這個要素本身卻沒有很大的價值。

另一方面，**工作能幹的人，反而完全不會親手處理事務**，或是改成「自動化」、從根本省去作業的步驟。

換言之，與其做得快，不如思考做這個動作的意義。靠自己徹底思考工作的意義，才能達到最大限度的效率化、簡化，並且在短時間內完成工作。

這個特徵中又以「彈性」要素更為重要，具體來說，可以分成**第一、「決定不做也沒關係的事」，與第二、「不擅長的事就盡量交給別人」這兩點**。

首先，「決定不做也沒關係的事」雖然不難，但無法實踐的人還是有一大堆。不做也沒關係事項的典型例子，就是例行會議、「姑且先做好」的報告（日報）、製作過度詳細的文書資料等。其他還有寫得落落長的電子郵件、臨時占用個人時間的電話、通勤、朝會、接待客戶……不勝枚舉。

為什麼會有這麼多呢，是因為這些一直都是「理所當然」在做的公事。也就是從過去延續下來、與過去息息相關的公事。身邊每個人都理所當然地繼續做，所以才很難獨自一人放棄這些事。

這些公事大部分都不是自己獨立思考採取的行為，而是別人迫使的行為。因為一直在做這些別人想出來的、不做也沒關係的事，才會害大多數人的工作效率變慢。

因此，和過去相關的事物，最好盡量自動化。比方說，只是要做一份可能有人要看的報告的話，想出一套自動化機制來應付是最好的了。如果你覺得表明「這份報告沒有意義，所以我不寫」太過直接的話，不妨趁這個機會，考慮一下換個處理方式、建立寫報告的機制吧。

例如在做報告時，你發現可以數據化的資料庫分散在各處，那就將它整理成一個系統並自動化，這種工作對大家來說肯定更有價值。

一旦有了這種構想，你自然就會注意到哪些事務沒有用，並增加更多自己能夠貢獻的小事。也就是說，**「放棄」做無用的事，意思等同於釐清大家沒有察覺到的事、提出可以孕育出新價值的方法，而有所貢獻**。

「不做也沒關係的事」，是一種對任何人都無益、只會占用時間的作業。

因為都把時間花費在占用時間的事務上了，所以工作根本就不可能變得很能幹。

在以前的年代，基於「前輩也是這樣走過來的」的想法，耐著性子處理這種事務，至少還能得到加薪、升職、討上司的歡心這些好處。

然而到了現代，耐心只不過是沉沒成本。**如果想要認真在工作上變得幹練，就要決定好不做也沒關係的事，並且好好重視實際上沒有在做的事。**

放棄淪為沉沒成本的工作③：
不擅長的事就盡量交給別人

此外，如果還能做到第二點「不擅長的事就盡量交給別人」，工作效率就會爆發性地提升。重點在於要事先建構出能夠委託別人的處境，也就是先和對方培養信賴關係，日後想到「這件事可以拜託他」而聯絡他時，才不至於遭到拒絕。

「那件事你最擅長了，可不可以拜託你？」

「當然好啊。你都拜託我了，我怎麼可能拒絕呢！」

工作能幹的人，平常早就已經建立很多這樣的信賴關係了。

這種**信賴關係，並不能透過學歷、職稱、頭銜、公司盛名這些社經地位獲得**。這些身外之物在現在這樣的時代一轉眼就失去了價值，**一個地方若有很多倚仗身分地位而活的人，就無法吸引到優秀的人才**。

如此一來，這種公司就會經營不善，最後遭到市場淘汰的可能性會變得很高。

為了培養信賴關係，有人平常在公司就會傾盡全力與同事溝通交流。確實，在公司裡到處樹敵的人，在緊急時刻就會孤立無援，所以職場上與人圓滑的溝通交流非常重要。

但是，我認為更重要的，是思考自己為了什麼而與同事交流。倘若是為了處世順利、只要自己賺到好處就好，那根本沒有意義。既然隸屬於某個組織，身為職業人士的最大前提就是「對組織做出有價值的貢獻」。

因此，不要執著於培養圓滑的人際關係，而是**要堅持「把自己放在能夠最大限度發揮自我能力的地方」**。

為了讓整個組織最佳化，必須使其中的每一個人都發揮自己最大的能力，因此就需要盡量將自己不擅長的事託付給別人。

很多人都做著「不適合自己的工作」或是「懷疑自己不適任的工作」。這個問題其實很深奧，不少公司會以人事異動之名，強迫員工做不適合的工作。若用職棒來比喻，就是用累積經驗的名義，理所當然地將王牌投手換位到4號一壘手的位置。

雖然我不知道這算不算是對當事人的一種期待，但職棒並不會因為「以後也想讓他當教練」「也想讓他兼任捕手」這種一時興起的念頭，就隨便幫選手換位，然而這在商務職場上卻是常態。一般來說，難道不是應該要幫投手準備好最適合投球的環境嗎?!

職場上常提到「工作型」（job）和「會員型」（membership）這些概念，不過大多數的公司，都主張要全體員工為事業奉獻，所以個別來看，有太多員工被迫從事不適任的工作。如果要我說的話，這豈止是會員型，感覺根本已經是接近暴力了。

以前的職場價值觀還有終身雇用和論資排輩的「約定俗成」，所以這種作法才能通用。即便是自己討厭或不適合的工作，只要撐下去，就算創造不出任何價值，好歹公司還會依約照顧自己一輩子。

然而，現在這種規定正在逐漸瓦解，所以**讓自己置身在能夠發揮自我能力的地方，是絕對必要的自衛手段**。把時間和體力消耗在不適合自己的工作上，就會浪費人生寶貴的時間。這樣不僅傷身，還會導致睡眠不足、累積壓力，不斷把自己逼入絕境。

所以，最好不要浪費時間去努力做不適合自己的工作，或是從中尋找價值。

即使如此也依然奮發向上的人，可能是因為還深受傳統的思維影響吧。這一點對20多歲的商務人士來說也一樣。

年輕人反而比較天真，只要聽父母或上司說「要趁年輕時多吃點苦，未來一定會更好」，就會輕易把這種過時的作法和心態植入自己的腦海裡。

幸好，現在全世界正在經歷大重設，這種不合理的想法完全不合時宜。**如果你對工作的狀態有疑問，那可能暗示著你的工作方法正逐漸淪為沉沒成本**，請重新用嚴厲的眼光反思自己的工作之道。

物品・金錢・時間 判斷基準是「時間的充實度」

接下來，我要談談具體消除「物品・金錢・時間」沉沒成本的方法。我之所以整合成「物品・金錢・時間」，是因為我覺得將這些放在一起思考，在結果上比較容易獲得充實的體驗。

直接了當地說，**買東西需要錢，但重點在於花錢的同時是否能夠創造出「充實的時間」**。

我的朋友、獨立研究人員山口周先生說，現代人追求的是從「實用」的價值或

「有意義」的價值當中二選一。而且，他也詢問讀者：「如果有人問你『想要什麼東西？』你能馬上回答出來嗎？」（出自《價值，從視野開始》一書）

我讀到這篇文章時，還真的想不太到自己「想要什麼」。想要的東西很多，但只是覺得哪些可能是「實用的東西」，而無法篤定哪些是真心想要的東西。這麼想的人應該出乎意料地不少吧？

即使站在「實用的東西」的角度思考，這世上有用的東西又太多了，同一廠商也會依照詳細的功能和設計差異，推出好幾種款式的商品。實用的東西如今正逐漸變成日常用品，可以算是價值正逐漸下跌。

不過，我們可不能輕視「實用」這件事。最新型的洗衣烘乾機顯然非常實用，況且洗衣服所花的工夫實在很浪費時間，所以全部交給洗衣烘乾機就好。由此可見，**購買實用的東西，同時也能買到「時間」**，這也算是一種花錢的方式。

那麼，如果對象換成是自己嚮往已久、非常想要的汽車呢？汽車在功能上當然很實用，但我們嚮往的，其實是乘車的時間所創造出來的價值。

也許，我們只要單純地停車在路邊欣賞風景，心靈就會感到充實，於是那段時光就成了「充實的時間」，才能創造出對自己來說很豐碩的價值。

而且，自己有了車以後就能隨時駕駛，可以度過充實的時間，因此擁有一輛汽車這件事便有了意義。儘管現在是共享服務的時代，但我認為把錢花在為了充實自己而需要擁有的東西上，是很合理的事。

重點在於，**自己「充實的時間」不能日常用品化**。或許這樣才會從實用變成「有意義」吧。

另一方面，因為流行而不假思索買下、因為交際而花錢消費，意義就完全不同了。即使這樣可以獲得某種程度的時間，但未必能夠充實自己的人生。

這是屬於**讓自己受限於同儕壓力的狀態**，**說得更明白一點**，可能是**未經大腦就做出選擇的狀態**。

總之，**要以自己是否能夠獲得「充實的時間」為判斷基準，思考「物品・金錢・**

時間」的關係，否則最好還是要朝著「放棄」的方向去衡量自己的花錢方式。

放棄淪為沉沒成本的物品．金錢．時間①：
注意自己平常運用時間的方法

我現在也在千葉縣的海邊，設置了自己的住家和工作室。我是為了在這裡欣賞海景、悠閒度過私人的時光，才這樣安排的，住家四周空曠得嚇人，最近的便利商店甚至遠在數公里外。

我在那邊生活以後，才充分體會到都市生活究竟奪走自己多少時間。光是便利商店，在我都市的住處附近就有好幾家，所以我只要有需要就可以立刻出門採買。此外，對工作來說，交通方式也十分完善，就算沒有特地外出的必要，我也常會為了對方「火速」趕過去。

很多人即使都有這種「時間被奪走的感覺」，卻不常在生活中意識到這件事。這就是都市的日常生活，在所難免，但需要注意的是，像**這樣運用自己的時間，長年習**

慣以後可能會淪為沉沒成本。

要是已經徹底渲染了都市的時間運用方式，即使前往都市以外的地方，也會不由自主地依循相同的時間運用方式。

如果想要感受不同於都市的時間流動速度，旅行是一個好方法，但有些人會將行程排得非常緊湊，基於「難得出來玩」的心態，把走完行程視為旅行的目的。很多人外出旅行，常常一不小心就會產生「沒有走遍所有觀光勝地就虧大了」的心情，拚了命趕去所有景點，最後卻記不清楚自己究竟去了哪裡。

與其這樣，我覺得體會當地的生活和氣氛，什麼也不做、悠閒愜意地度假要好多了。

以前的我也會走遍各大觀光勝地，但印象最深刻的往往是自己在當地最悠哉的時光。

好比說我以前去廣島的宮島時，我很清楚的記得自己和太太一起坐在海岸的石牆上，大約有三小時的時間都在發呆，看著雲彩遮蔽陽光、潮水逐漸上漲的情景。雖然我們只是單純看著海景，卻留下了非常美好的回憶。

這種時間的運用方式，可以不受任何人打擾、度過悠閒的時光，記憶也會深刻到日後足以想起、談起，以旅行而言具有非常高的價值。

度過「充實的時間」，有助於邁向充實豐富的人生。

別將自己平常運用時間的方式套用到所有地方，最好偶爾注意一下，自己的時間運用方式（安排行程的方式）是否已經淪為沉沒成本了。

放棄淪為沉沒成本的物品．金錢．時間②：

提高幸福的解析度

我把這種在日常生活中「提高時間品質」的作法，視為「提高幸福解析度」的作業。

舉個例子來說，我在外面吃飯時，多半都坐在可以跟店員交談的吧臺座位，然後邊吃邊告訴他們：「這個非常好吃欸！」

我外食的流程，就是上餐館、吃飯、喝酒、付帳之後回家，這任誰都做得到吧。但是我在這個過程中比別人多做了一件事，就是直接把「好吃」的感想回饋給做料理的人。

我不是只在特別的地方才這麼做，就算去吃立食蕎麥麵也一樣。照理說，回覆一句「好吃」並不會讓對方感覺不舒服，所以我也把回饋感想給對方，當作是一種很珍貴的度過時間的方式。

特地告訴對方，終歸是為了讓自己用愉快的心情度過當下的時間。向對方道謝，可以讓彼此的心情都好起來，說不定對方還會因為這樣而順便告訴我一些有趣的事情呢。

即使沒有做什麼特別的事，但**只要多用點心，就能在一成不變的日常生活中安插許多「充實的時間」**。

我還做了另一件提高幸福解析度的事，就是在海濱地區設置據點，開始嘗試我從以前就很想做的「篝火」。這也不是什麼大不了的事，只是單純燃燒木材、看著它逐漸碳化的樣子，但是對我來說這卻是心靈非常富足的片刻。

只要仔細觀察火焰，就會發現它複雜的模樣瞬息萬變，令我十分著迷。篝火的溫暖可以讓身心都安定下來，在生活中安排一段燒篝火的時間，讓我重新體會到火焰所帶來的安心感，直達人類內心深處最根本的部分。

另外我也察覺，這種在古時候理所當然可以做到的事，在發達的都市裡卻無法隨意去做。都市缺乏大自然，是個可以遠離自然災害的地方；但是反過來看，它也奪走了人類根本追求的自由。

雖然我以前也曾在露營時燒過篝火，但是像這樣特地在鄉下的住家庭院燒篝火，或許意味著我對長年都市生活的某個部分感到厭煩了吧。

我長久以來都過著不斷接觸最新科學技術的生活，與一般人相比，是受到較多科技眷顧的人。

另一方面，人類最早獲得的科學技術之一，正是「用火」。歷史學家哈拉瑞在著作《人類大歷史》中寫道：「（用火）烹調讓人類有更多能吃的食物種類，減少所需的進食時間，還能縮小牙齒、減少腸的長度。」火是讓人類之所以為人類的存在。

我這才發現，或許我就是深受古代智人的基因影響，現在才會想著回歸人類最原始的狀態吧。

我在微軟工作23年所造成的「沉沒成本」

很多人每天都忙碌工作，但是我發現，其中會像我一樣特意安排凝視火焰的時間，也就是安排時間放空腦袋或發呆的人，並沒有那麼多。

我以前也是如此，所以我離開前東家微軟公司，理由之一就是想要隨意安排這種時間，而不必顧慮任何人。因為我在以前的生活中，一直都莫名在意分布在全球各地的其他職員的動向。

為什麼會這樣呢？因為我以前的職稱是微軟技術中心負責人，這個職位在全世界有40多人，每個人都在各自的時差下工作。雖然其他國家的業務和我並沒有直接的關聯，但我就是沒來由地在意同樣職位的人、一直想著他們都在哪裡活動。

我或許可以從他們身上學到些什麼，或許也能在某方面協助他們。這個「或許」經常處於活動的狀態。當然，細心顧及這每一個「或許」，在某些狀況下也有助於提升歷練，但除此之外，我還有繁重的要事必須處理，這種一刻不得閒的狀態也一直令我感到不舒服。

在日本，比方說只要更頻繁地寫出詳細的報告，顯然就可以提升資歷，但我認為那並不是我的分內之事。不過基於我在公司裡的立場，我還是多少會在意。所以我也是處於這種「在意的點」暴增太多的狀態。

因此，我浮現了一個念頭：**「讓我獨自一個人工作，是不是做起來反而更快活？」**如此一來，我就可以不必在意我以外的人、在我不知道的地方是怎麼活動的了。**我只需要專注做自己手上的事，只把時間用來提高自己的人生品質**。

這正合我意。在我自立門戶以後，首先最明顯的變化是，未讀取的電子郵件數量每天都可以清零。理由很簡單，因為只有與我有關的信件才會寄給我。

以前，我每天都會收到大量與自己沒什麼關係的信件，這些全部都會進入我的視野。想當然耳，大多數我都沒有仔細閱讀，但我還是會莫名在意裡面會不會摻雜了和我比較有關係的信件。

為什麼我會這麼在意呢？我想這可能就是我的沉沒成本了。因為我長年過著上班族的生活，內心的某一處總覺得「不想因為信件未讀取這種芝麻小事破壞自己的資歷」。

於是，我**思索如何重置有這種心思的自己、提高「人生的品質」**，**結論就是「差不多可以邁向人生的下一個階段了」**。

現在想來，**倘若我沒有站在「提高自己人生品質」的觀點，恐怕就不會辭職了**。畢竟我在公司裡有某種程度的自主權，公司裡的工作只要按表操課，老實說不辭職還比較輕鬆。當然在經濟方面，也比現在穩定多了。

然而，我就是覺得似乎不應該在那個地方全力以赴。正好全世界進入了動盪的時期，我才認為這正是辭職的最佳時機。

執著・窠臼・成功經驗

徹底聚焦在「目的」

為了防止過去通用的作法和過去的成功經驗，在不知不覺中淪為沉沒成本，我在第1章已經談過將技能品味化，以及將自己喜愛的事結合起來鑽研的方法。

我認為，**重要的是自己本身的「結果」和「成果」，無法創造出這些的方法和成功經驗，就乾脆丟掉吧**。

作法和流程，終歸只是一種手段。**要是太重視過程，手段就會變成目的**。我們很容易得到「雖然很努力了，但可惜的是沒能成功」這種結果，輿論甚至還會將這種經驗也列入評估的對象，在我看來這還是本末倒置了。

我以前非常喜歡在美國西雅圖水手隊裡活躍的鈴木一朗，他還在日本打球時，靠著「鐘擺式打擊法」嶄露頭角。這是單腳大幅往上擺，像鐘擺一樣抓準最佳時機、打擊出去的方法。

但是，一朗去了美國大聯盟以後，為了對付世界一流的投手，他果斷改掉了這個堪稱是一朗代名詞的打擊法。

他就站在打擊區內，採取幾乎沒有任何準備動作的打擊方法。因為他認為擊出安打才是最重要的事，所以並沒有執著於他在日本發明的打擊形式。

若要讓自己創造出結果，最理想的方法是什麼？——也許就是這種經常追求高水準的態度，才讓他達到了前無古人的巔峰吧。

我們周遭的狀況總是瞬息萬變，要是太過依賴以往通用的作法，以及因此帶來的成功經驗，當然不可能會有好的結果。最壞的情況下，還可能會陷入嚴重的低潮期而不可自拔。

最重要的是，**你「認為什麼才叫作成功」**。

所以，第一步要先放棄過度重視過程。**不論是工作還是任何事，重點都在於要隨時記得把焦點放在「達成目的」**。

放棄固執．窠臼．成功經驗：

親身實踐才會產生具體的疑問

只要放棄「重視過程」，行動的選項範圍必定會明顯寬廣許多。不過，人一旦有了自由，反而很容易變得不知所措。這種人最常掛在嘴上問的就是：「要怎樣才能做到？」

面對這個疑問，我一律都是回答「先做再想就好了」，也就是**放棄「在做之前思考」**。

不曾親身實踐的人提出的疑問，其實都是最難回答的。因為，不管你教他們什麼、對他們解釋得再詳細，他們還是會覺得「你直接幫我做還比較快」。

我的興趣是練空手道，很多人一定都沒有被空手道的下段踢踢過吧；不如說，絕大多數人都沒有這種經驗。就算我能教這些人如何防禦下段踢、告訴他們「只要這樣就好」，但也教不了實際的體驗。例如盯著對方的腰部，會發現下段踢的起始動作是先抬腿，還有對方踢過來的時機等，這些如果沒有實際被踢過的話，不管我怎麼說明也不可能會懂。

只要實際被踢過、體驗到強烈的痛楚後，你就會想著：「我再也不想被踢！」於是就會從本能上驅動自己的身體。也就是為了防止被踢，你會嘗試各種動作並記取教訓，才能具體且有效率地學會防身。

所以，**在詢問「怎樣才能做好？」之前，凡事都要先自己嘗試去做，願意主動體驗的態度很重要**。只要做過一次，你就能提出更具體的疑問，並藉此逐步改善。

在工作上也是同理。剛開始接觸某件事務時，我們都是在別人的教導下，同時透過自身的體驗才能學成。

不過，你可能會覺得我很囉嗦，但我還是要提醒你小心成功經驗的陷阱。尤其是已經累積某種程度經驗的人，儘管現在做生意的狀況已經不同以往了，他們還是會動不動就說：「先行動再說！」「反正先趕去現場吧！」

這是最棘手的、「自以為很懂」的狀態。不論這種人再怎麼強調「我當業務員已經幾十年了」，若是依然過分執著於過時的成功經驗，而不願採取新的手法或最新技術，工作效率只會逐步下降，最終還可能會為公司帶來大麻煩。

有越多成功經驗的人，會越執著於自己的成功經驗。

周遭的人也會因為他們這種態度，認定「他經驗老道」而難以提出忠告。這些全都是因為，他們始終站在早已失去效力的過去的延長線上思考、生存的緣故。

夢想・目標
改變自己對「全力走到這一步」的看法

年輕時的夢想和目標，也是看似不能放棄，卻容易在不知不覺中淪為沉沒成本的東西。

當然，我在年輕的時候也有過夢想和目標，但如今回想起來，才察覺那些或許早已經實現了。因為我的每一個夢想和目標，都非常微不足道。

好比說，我小時候總是莫名地「想要靠運動贏得大家的認同」。雖然我在孩提時期沒能實現這個目標，不過長大成人後，我花了很多時間去滑雪、練空手道，才終於不再覺得自己是個運動白痴。結果，靠運動獲得大家認同這個目標，就某種意義來說已經實現了。

我也曾經想要賺進一桶金。重點在於「一桶金」。後來隨著時間流逝，我賺的錢慢慢增加了，也算是成功達到了「一桶金」的狀態。

諸如此類，我的每一個夢想和目標都很小，所以現在沒有什麼因為無法實現而感到煩悶的事情。

有些人會明確訂立出夢想和目標，然後朝那裡埋頭猛衝。畢竟作法因人而異，所謂的倒數式計畫有時候也可能很管用。

不過，我看了自己身邊各種人的狀況後，卻覺得**追求夢想或目標的方式有時候反而會害死自己**。

我的夢想和目標要不是模糊不清，就是有個異常具體的形象。我在50歲過後搬到海邊小鎮居住，現在想來，可能就是深受我年輕時喜愛的作家片岡義男的小說影響吧。海濱、兜風、衝浪……這些景象深深烙印在我的腦海深處，才會讓我下意識憧憬海邊的小鎮。當然，這只是「現在想來」而已。

無論如何，**追尋夢想和目標的方法，只要適合自己就好**。

這時最好要留意的是，**如果太過刻意鞏固自己的願景，可能會作繭自縛**。簡單來說，就是會變成深信「我只有這件事可以堅持下去了」，因而無法擺脫夢想和目標，一直斷斷續續做這件事，卻沒有創造出任何成果。

關於夢想和目標的問題，我想到自己在語音平臺Voicy的粉絲活動中，與嘉賓三人對談時發生的事。

其中一位嘉賓，是視覺系樂團愛麗絲九號的吉他手Hiroto。他隸屬於現役當紅樂團，有實力讓代代木體育館和武道館的演唱會座無虛席。他們並不是由誰招募組成的樂團，而是從自發性的活動開始，組團兩個月就能讓２５００人的會場爆滿，是個剛出道就一帆風順的樂團。而且，其中也有團員從組團至今待了整整17年，完全靠自己一手經營演藝事業，儼然就是樂團的成功人士。

另一位嘉賓，是視覺系樂團的內勤業務員Tsutsumi。他原本也是視覺系樂團的成員，但最後沒能走紅。到了30歲以後，他覺得自己「已經做了所有想做的事」，便搖身一變成了上班族，經歷相當特殊。

從這個意義來看，Tsutsumi是在夢想途中做出了結的人，所以他現在充分運用在視覺系樂團的經驗拓展內勤業務（※），在業界十分活躍。不管怎麼看，業務員和視覺系樂團的落差，以人物特質來說也非常醒目。

我和這兩位嘉賓對談時，對夢想和成功的關係思考了很多。首先，Hiroto給我的印象，比起有明確的夢想，更像是一直活在自己喜愛的音樂之中。所以他才會從18歲開始到現在，一直全心全意投入最愛的音樂為樂團而活。

至於Tsutsumi，我並不覺得他是放棄夢想的人。他反而是追尋夢想到最後，開拓出未來的職業，藉此創造了傑出成果的成功人士。

當然，Tsutsumi也曾經夢想著要靠樂團活動走紅，只是他感覺到自己「已經努力到最後了」，並不認為自己曾經玩過樂團這件事很丟臉，還能「直接」活用當時的人物特質，開啟上班族的人生。Tsutsumi染了一頭粉紅色的頭髮，外表非常具有衝擊力。由於內勤業務員不需要露臉，所以當客戶實際見到他時，似乎都非常驚喜。

雖然兩位的年紀都小了我將近兩輪，但我卻從他們身上學到了很多。而且，我也因此再次確定，不讓夢想和目標變成沉沒成本的最簡單又有效的方法。

那就是**不要熱中於訂立夢想和目標，而是單純地「盡全力投入自己想做的事、喜歡的事、有熱情的事」**。

只要全力以赴，後悔的情緒和自卑感也會越來越少。

即使夢想和目標沒有實現，只要**將先前全力做過的事，換個方式活用就好了**。

※內勤業務：透過電話、電子郵件、視訊會議系統與客戶溝通交流的行銷手法。

放棄淪為沉沒成本的夢想・目標①：

雞蛋放在同一籃的CP值很低

夢想這個詞讓我想到另一位朋友中北朋宏，他以前是搞笑藝人，現在則是俺股份有限公司的執行長，在公司裡開設了將笑料融入商務溝通的「喜劇」研修課程。

他以搞笑藝人的身分活動了6年後，在27歲時退出演藝圈。他本來就和搭檔說好「如果我在這個年齡還沒闖出名堂的話，就要退出」，而他的搭檔好像也在30歲的時候退出了。

據說，他也見識過很多無法走紅的搞笑藝人，始終不願意放棄夢想，到了45歲以後依然繼續一邊兼差打工、一邊努力成為活躍的搞笑藝人……。當然，他們日後也可能熬出頭，畢竟人生總是出乎意料，所以不能一概論定。

但是，我並不認為那是個「出色的策略」。因為他們可能為了維生而長時間打工，連最重要的「磨練才藝」的部分都無法滿足。

也就是說，**夢想和目標一旦淪為沉沒成本，在追求夢想的過程中會漸漸地什麼也學不到**、**練不好**。這個業界的現實就是，多的是出道時間比自己晚、卻早已走紅的搞笑藝人，如果因此產生嫉妒的情緒，就會陷入非常不幸的處境。

所以，我認為**重要的是別想成是「放棄」夢想和目標，而是想成只是暫時轉換跑道**。不論在哪個業界，都有努力追求夢想和目標、卻遲遲無法實現的人，我覺得這樣的人可以先重振態勢，「日後再回歸就好了」。

我想告訴大家的是，在實現夢想時，沒有必要堅持「把雞蛋放在同一個籃子裡」。像是在演藝圈這樣的世界，可能會認為修練和忍辱負重的時期才重要，不過我認為，做事的方法應該操之在己才對。

提到搞笑藝人，KING KONG的西野亮廣最近也成了繪本作家，又身兼線上沙龍的經營者，還出版了個人著作，可以說是投入各種他自己想做的事情。

而且，他雖然身為搞笑藝人，卻不上電視。這件事或許堪稱是「搞笑界的邪門歪道」，但是比起很多只靠當搞笑藝人謀生的人，他的人氣卻無可匹敵。

據剛才提到的中北先生說，這個業界每年有3000組以上的搞笑藝人出道，在激烈競爭下生存下來的不到1%。雖說其他業界也是如此，但一**直執著在單一職涯上發展，CP值未免也太低了**。

不如一**個人擁有多個職涯，更能全力朝著夢想和目標而活**。先暫且清除正逐漸淪為沉沒成本的夢想和目標，讓自己有更多「選項」吧。

我覺得，只要用**「我不是放棄，只是升級而已」的想法，改變自己的心態就好了**。

以往追尋夢想和目標的經驗，必定能以不同的形式繼續活用。

如果我當初執著於工程師的工作，就不會有現在的職業了。不過，我認為自己當工程師的經驗，對於培養現在這份職業來說非常重要。

放棄淪為沉沒成本的夢想・目標②：

用「會不會後悔」來決定

我有個建議可供大家當作採用的基準，那就是**用「會不會後悔」來決定**是否要讓夢想和目標暫時轉換跑道或持續升級。

如果你覺得做下去可能會後悔，那就放棄。但不做會後悔的話，就還是做。這個判斷基準很簡單吧。

我希望大家都能注意到，**做了之後若是失敗了，不要後悔，而是「要反省」**。

因為一時衝動而在深夜跑去吃拉麵，任誰隔天都會想要好好反省吧。即使如此，只要樂觀地想著「那家拉麵真是人間美味啊」，應該就不會有後悔的感覺了吧。這股衝動的確會破壞生活習慣，但只要想成人生因為深夜的一碗拉麵而變得更充實就好了。

我本身之所以能夠隨心所欲地活著，其中一個原因可能就是懂得不再後悔吧。以前，我的性格裡有追求完美的一面，所以只要因為某些因素失敗，就會變得非常沮喪。

不過，自從我漸漸地不再為每一件事後悔以後，確實能夠感受到自己的人生充實度和滿意度提高了。因為不管發生什麼事，我都能想成「反省並記取教訓就好」。**當我不再後悔後，人生的CP值變得更高了**。我可以二話不說立刻採取下一個行動，所以更能培養出不對任何事難以忘懷的強大心靈。

回到夢想和目標的話題，只為了一個夢想而拚命努力，這當然也是一種手段。說得更明白一點，只要你不後悔就好。即使夢想最後沒有實現，如果你能夠覺得「我的人生太美好了！」那就好了。

但是，**如果你現在內心莫名煩躁，覺得「這樣下去好像不太妙啊……」，那最好把現在當成是升級自己的絕佳機會**。然後想像一下自己就這樣勇往直前、在臨死之際「會不會後悔」。

如果，你可能會有點後悔的話，先別急著否定自己至今的努力，這就代表現在正是思考怎麼充分發揮這些經驗、朝全新方向邁進的時候。

這正是從自己原本十分堅持的夢想和目標，大幅轉換到另一個跑道的時候。

放棄論為沉沒成本的夢想・目標③：

才能只不過是一種配備

大家在思考夢想和目標時，是怎麼看待「才能」的呢？才能的定義有很多，像是「原本就能順利做到的事」，或是「擅長而且性格上也很適合的事」等。

不過，當大家說一個人在某件事「有才能」時，我認為那多半單純是指「配備」

而言。

的確，這世上有一群被稱作天才的人，才能顯然是個非常重要的因素。但是事實上，那個才能在很大的程度上也受到偶然所左右。

比方說，只要生長的國家或環境不同，即便是相同的才能，發揮方式也會有很大的差異。縱使處在相似的環境下，如果本人沒有察覺自己這個才能「與什麼樣的行為、舉止、工作有關」，或是沒有處在別人能幫他發掘的環境下，他就無法充分展現那個才能。

說得更清楚一點，**如果不能將某項才能與「自己想做的事」連結起來，才能就只是一個「被迫」的行為而已**。只要才能和想做的事情吻合，人生就會幸福快樂，但這種狀況實際上卻相當罕見。

因此我認為，即使有人說你具備某項才能，倘若那並不是你想做的事，你大可不必在乎周遭人的看法。

假設你小時候在大家面前唱歌，大家都稱讚你「唱得真好」。在這個環境下，周遭的人都會強行鼓勵你「長大要當歌星喔」。

但是，如果你並沒有那麼想唱歌給大家聽的話，就算選擇其他的生存之道，也不算是浪費天賦，也不會後悔「當初我去當歌手就好了」。

由此可見，**最重要的是自己找到「自己想做的事」**。

我本身也可能有某種才能，但我根本不在乎。好比說，我感覺到自己的文筆好像還不賴，但我並不認為這是我的才能。我只是得到寫作的機會，才努力寫好文章而已，並不是因為我有寫作的才能。我只是因為得到機會，才這麼做而已。

當然我也可能是塊寫作的料，但我從來不曾在意過自己「有寫作的才能」。比起才能，我更著重於書寫的狀態，以及輸出的內容品質。

我之所以比想像中還不在乎才能，可能是因為別人對我的需求，與「自己想做的事」相通的緣故。我最重視的，是自己輸出的思想可以使人幸福。這就是我所追求的世界，是我根本上「想做的事」，所以我也是為此寫作。

假使有人對我說「你有當經理的才能啊」，我也絲毫不覺得那是我想做的事。更何況我本來就辦不到，從來沒人這樣跟我說，我怎麼可能會去做……。

無論如何，沒有必要太過拘泥於自己的才能。想必你也不只一次聽過別人對你說「你很適合做這種事呢」「你一定能做這個！」

但是我相信，**不管你有什麼受到讚賞、相對比較擅長的才能，終歸還是要以「自己想做的事」為判斷基準，才能邁向不後悔的幸福人生。**

第
4
章

成為理想中的自己

理想中的自己，就在「自我潮流」的尖端

前面已經談過，為了避免自己自然而然延續下來的思考和行為淪為沉沒成本，「放棄」有多麼重要。

我想要強調的，始終都是**沒有必要遵循過去的自己或他人制定的標準，來改變自己的價值觀**。最需要提高警覺的，是當別人對你說「你好不容易都已經○○了」時，你花時間所做的思考和行動的狀態。

除此之外，你也必須明白，「總有一天會穿到」「總有一天會派上用場」這些「總有一天」永遠都不會到來。**別期待不知何時才會發生的事，「現在」就先試著行動吧**。

倘若你無法行動，也可以想著「暫時先別管吧」、稍微暫停一下。

我原本也很難主動「放棄」自己決定去做的事。我以前幾乎沒有過「努力堅持了一陣子，最後還是放棄」的經驗。這樣看似很好，但在此同時，自己的「執著」和「成功經驗」裡，也隱含著「沉沒」的風險。

不過，我現在「暫停中」的事務越來越多了。

好比說我長久以來學習的茶道，目前正在暫停中，但我已經具備了動作等相關的知識，家裡也備有茶道工具，隨時都可以重新開始。泡茶本身就是我平常會做的事，所以我可以效仿茶道的精髓、來泡我平常喝的茶。這麼看來，也可以說我「還在繼續著」吧。

我覺得，大家可以像這樣**更隨興、更恣意地來看待「總有一天」的定義**。

另外，我原本也一直在練空手道和滑雪，但滑雪只有冬季才能做。在春夏秋到來以前的冬季，我變得非常忙碌，出差等事務接二連三，結果根本沒有空去滑雪。到了春季，我因為老家的關係，加上新冠肺炎疫情擴大，連出門都變得很難。

但是，我發現自己暫時沒去滑雪，並不是因為發生了什麼特別的事，只是像往常一樣因為春天來臨了而已。所以，我目前對滑雪的想法是「有空的話再開始就好了」。

順便一提，滑雪的正式指導員必須每兩年受訓一次，但我覺得如果受訓只是為了保有這個資格的話，並不值得我這麼做。一般人可能會覺得這樣好可惜啊，但我還是有點不能認同官方組織的這項方針，把時間和成本花在我不認同的事情上，這才是最沒有價值的事。現在，我對於不符合自己價值觀的事情，已經一點也不留戀了。

很多人都會煩惱做事「無法持之以恆」「做三個月就膩了」，這種時候，只要隨意定義自己要繼續做的事就好。

如果一年做一次、持續做十年的話，這樣不也可以算是「還繼續著」嗎？用這種感覺去定義就好。不需要定義成每週都做才叫持之以恆，沒有必要受限於無形的常識和規則，只要自己覺得「還繼續著」「自己內心還沒放棄」的話，這樣不就好了嗎？**別想成是「無法持之以恆」而限制自己、令自己痛苦，只要想成是暫時停止就好，要靈活地改變自己的觀點。**這麼一來，你隨時隨地都可以改變，也就是忠於「自我潮流」而活。

如果你覺得「我現在的價值觀就是這樣」，那就這樣去做；要是改變了，就隨著變化轉換跑道。簡單來說，答案不會只有一個。

希望大家都不會受限於既定的價值觀和「常態作法」，可以更加自由、隨著自我潮流而活。

我現在的幸福就是發呆，那你呢？

很多人都覺得「想做些什麼」「想改變自己」，卻又受到別人決定的常識和思維影響，作繭自縛。不過，我認為**在今後的時代，最重要的行動原理將會是「讓自己置身於至福之中」**。

前面提到，我暫時先搬到海濱的住家後，每天幾乎都沒有做什麼事，頂多就是煮菜吃飯、到海邊散步、閱讀書本。當然，我也打算在這裡住一陣子，所以我還是會透過網路處理工作，但基本上整天都在發呆。

我的重點，就是待在寧靜的鄉村發呆。天空遼闊，噪音稀少，海邊只看得到海鷗和鴿鳥，在這樣的環境下，生產力或許會大幅下降，但我卻感到非常幸福。

很多人都誤以為我住的是海濱別墅，其實不然，我家只是屋齡十幾年、隨處可見的中古屋而已。因為地點相當偏僻，地價也非常便宜，只要有點積蓄，大多數人應該都能買得起。

我真正想說的是，**「讓自己置身於至福之中」是只要有心想做、大多數人都能實現的事，一切取決於個人選擇**。我認為在那裡度日對我來說是一種幸福的選項，所以我做了這個選擇。

就算只是多一個也好，增加更多對自己來說是幸福的選項，自己做出「選擇」，是今後的時代非常重要的行動。

為什麼我會有那種心境呢，因為我和前面提到的山口周先生一樣，這幾年來和各式各樣的人談過以後，**更加堅信「我們可以更自由地拓展選項」**。

我常常強調「除了自己在目前隸屬的組織裡獲得的評價以外，也要具備其他衡量的標準」，這句話也是同樣的道理。

這個世界上有形形色色的價值觀，但重要的並不是學歷、職稱、在哪個企業上班。我在這幾年更強烈意識到，**「自己想做的事」**和**「活出自己想要的樣子」比什麼都重要**。

於是，我思考「現在的我想要處於什麼狀態」，然後發現住在海邊似乎是個不錯的點子。我並沒有在腦海中描繪出明確的情景，只是模模糊糊地開始想像而已。可能是受到我前面提的、片岡義男的小說中描述的景色影響，加上隱約的感覺和無意識中的情感，各種因素交錯後讓我做出了這個選擇。

所以，我想著「住在海邊好像是我人生一個重要的里程碑」，實際搬過去以後，才印證了自己的感受。或許，**只要無時無刻想著「讓自己置身在至福之中」，與自己的幸福有關的直覺也會逐漸變得敏銳起來**吧。

不論年紀多大，都要有所憧憬

除了帶自己通往幸福的「隱約的感覺」，也可以同時運用**「憧憬」某個人**的心情。

我從很久以前，內心深處一直都覺得可以無拘無束任意行動的人「很帥」。這些人不會只停留在一處，而是奔波到各個地方、有各式各樣的體驗，那樣的率性令我十分憧憬。

比方說，我的朋友前田Hiro是個風險投資人，他現在還不滿35歲，不過他在20幾歲的時候就已經入選了「亞洲版富比世30位30歲以下精英榜」，活躍於全世界。

他的頭腦十分靈活，卻一點架子也沒有，是個和藹可親又風趣的人。

他可以這週在美國、下週飛到新加坡，接下來又飛往印度……每個禮拜都在不同的國家，一直過著這樣的生活。他的工作就是不停走遍世界各地、拜訪新創企業的經營者，依對方的需求投資。雖然他的年紀比我小很多，但是看他活得如此無拘無束，一直都讓我覺得「太帥了」。

有一天，我偶然在東京惠比壽的街頭巧遇他。人幾乎不在日本的他，這時竟然出現在我的眼前、正準備要搭計程車！這簡直巧到不能再巧了。我開口向他打招呼「喂！Hiro！」他卻一派輕鬆地用「哦，有什麼事嗎？」的感覺，停下來和我閒聊了大概五分鐘。

我和Hiro是在沖繩認識的，那時候我正在發掘沖繩新世代領導者的專案計畫「Ryukyufrogs」裡擔任導師。我們巧遇的那天剛好就在下一場「Ryukyufrogs」活動的前夕，於是我問他：「你要去沖繩嗎？」他回答：「我現在有點忙，還在考慮。」我告訴他：「這樣啊。那可以的話到時再見吧。」然後我們就道別了。

後來，他真的來沖繩了。

因此我很驚喜地對他說：「喔，你來了啊！」結果他說：「哎呀，之前真的是太巧了，那天碰到你之後，我就覺得不來不行啊！」看來他是為了我才設法調整了行程。我聽了以後，我又再次體認到「他真的很帥啊」。

在很多據點忙碌工作、人脈也非常廣的人，只是因為偶然遇見了某個認識的人，就選出自己的下一個目的地。如此隨興不羈，始終令我憧憬不已。

當然，我的意思並不是說定居生活不好，只是我個人覺得，**在形形色色的地方生活、隸屬於多種社群，可以讓人生更加豐富**也說不一定。

更不用說現在全世界經歷了疫情，處於無法輕易出遠門的狀態。在這種時代下，選擇預先設立多個屬於自己的據點，肯定能夠預防沉沒成本發生、加倍提高人生的自由度。

請大家一定要勇敢一點，跟隨自己的直覺、憧憬的情緒，或是「想要變成那樣」的心思。只要姑且先試著做出這樣的行動，視野就會更廣闊，思緒也會大幅改變。這樣應該可以徹底避免會束縛自己、畫地自限的思維。

然後，要讓自己有更深刻的、**「自主選擇人生」的體會**。不論是成功或是失敗，如果能夠自己隨興選擇生活之道，我相信不管是誰，一定都能夠過著幸福的日子。

我向來都不在意別人對我的看法

為了活出理想中的自己，我一直刻意忽略別人對我的看法。

說起來，好像有不少人知道我在年輕時，曾經獲得微軟公司的一項大獎。這個獎是「Chairman's Award」，是從全球的微軟員工當中選出表現卓越的職員，以比爾・蓋茲的名義頒獎。我可能是第一個以外商日本分公司工程師的職位得獎的人。

這個獎項無疑為我開拓出全新的人生，但是另一方面，所謂的獎項，也可以說是別人為我選出的成功經驗，終歸不是我自主選擇的結果。

各位讀者當中，應該也有些人在工作上得過傑出的獎項或創造出實際績效吧。但是我覺得，不能過於相信這是「靠自己的實力取得」的成就。這些終歸是別人給予的東西，只不過是一件幸運的事而已，除此之外別無其他意義，千萬不要搞錯了。

獲得奧斯卡金像獎或葛萊美獎的人，經常在得獎感言中列舉很多人的名字、連聲表達自己的感謝之意。當然這種演說都有固定的模板可以套用，但是在這之外，我也在懷疑：「大家是真心這麼想的嗎？」

反過來說，是不是只有不會因此認定「這就是我的實力」的人，才會得到這些獎呢？

獎項終歸是用別人的標準所評估出來的高水準表現，是獲得別人認同的「證據」。雖然可以引以為傲，但要是把獎項和自尊心畫上等號，那可就大錯特錯了。要是認為自己高人一等，並開始用獎項或實際績效當作證據的話，最終就會淪落到不提當年勇就無法生存的下場。

這正是最恐怖的，心靈層面的沉沒成本。越是依賴這些，就越容易失去自由的思考和行動力，最終只能緊抓著扭曲的價值觀而活。

我當年得獎以後，馬上主動請調到自己想做的職務，因為我不想繼續待在得獎前所待的領域了。當時的上司對我說了一句話，**「千萬別向下屬展露過去的自己」**。我本身也是這麼想的，很感激他特地口頭告知。

獲得獎項和實際績效的人，一旦開始利用或是在無意中透露自己的過去，之後肯定會開始出現「在我年輕的時候啊」「要我說的話」「如果換成我來做的話」這些言行。

最後，他身邊的人就會漸漸不願意對他敞開心房，導致人心盡失。自己獲得的獎、努力達成的績效，這些過去一點也沒有重提的價值。有時候還是周遭的人隨口提起的，所以自己必須更加小心，就算是一丁點端倪也不要透露出來。

「別人對我的看法」是來自別人的評價，說穿了，別人的存在本身也會變化，所以這些評價並不會永遠持續下去。根本沒必要讓自己受這種不可靠的東西擺布。

更重要的是，思考「我十年後想要變成什麼樣子」，才是更健全又聰明的思維吧。你可以想著要學好一種外語，也可以鍛鍊肌肉來塑身，還可以花心思打扮出標緻的外表，什麼都可以。專注在自己可以控制的事情上，隨時磨練自己，從內在逐漸改變自己。

縱使你想要獲得全世界的認可，也不要根據別人訂立的標準，只要努力接近自己「理想中」的型態就好了。

工作是成為「理想中的自己」的手段

各位讀者當中，應該有人正在考慮轉職或自立門戶吧。

但是，只會遵循自己所屬的公司理則來動作的人，就算成功自立門戶，後面依然要面對殘酷的現實。

因為**依據某種特定的價值觀而活，和尊重多元價值觀、站在平等的立場而活，兩者之間根本不能畫上等號**。

價值的衡量方式，會因為各個國家、文化和組織而截然不同。好比說男性的外表審美基準，有些文化認為雕塑出壯碩的肉體才是美，也有其他文化認為挺著肚腩的大叔體型才有男子氣概。價值觀會因為時代和地區而有很大的差異。

首先最重要的是，要理解這個「有差異」的事實；然後就是價值觀這種東西，其實比你想像中的還要隨便。

即使你隸屬於某個組織，只要平常會接觸價值觀與自己不同的人，應該普遍都能了解這個道理吧。

因此，**只要你還身處於組織內部，就要在職場外見識擁有各種價值觀的人，並且盡量和他們一起活動**。當你可以慢慢彰顯自己的存在以後，對別人來說你就不再是

「A公司的某某」了。

如此一來，你要面對的就只有轉職和自立門戶的差別而已了。

以我的狀況為例，最後就會變成再也沒有人用「你要不要見見微軟的業務執行幹部啊？」這種方式介紹我了。

「我認識一個人叫澤圓，他是在GAFA的哪個部門工作……欸，我記錯了？」

「這位就是澤圓，我記得他是在哪裡上班……一時想不起來了。」

後來，每個人都是用這類很敷衍的方式來介紹我。身為被以這種方式認知的人，我現在依然覺得這是最值得高興的形式了。

所以，雖然我為了開設公司而登記成立法人，內心卻絲毫沒有創業的打算。這單純是因為我離開自己隸屬的組織，想要花更多的「時間」來支援更多的人而已。只要這麼一想，不管是否隸屬於哪個組織，每個人對於自己的工作方式，都會得出一個結論。

那個結論就是，**你是為了忠於「理想中的自己」才工作**。

為何嚴重自卑的人更需要「讚美別人」

為了更接近「理想中的自己」，就要秉持著「選項有無限多」的心態。**你之所以做不到，可能只是因為「沒有做」，或者是經歷多次失敗後失去自信而已。**

一旦產生麻煩的「自卑感」，不論做什麼事，都會不由自主先感受到恐懼，而遲遲無法面對「理想中的自己」。

如果你是有這種經驗的人，建議你先去尋找能夠讚美自己的人。盡可能結交更多願意誇獎你「好棒！」「好厲害！」的人吧。如果你不知道怎麼結交這種人，那就自己先主動讚美別人，讓對方也靠近自己就好了。

總而言之，試著去讚美各式各樣的人吧。

「好棒喔！你真厲害！」

「你很行嘛！」

像這樣到處稱讚身邊的人，對方就會覺得你會給他很正向的反應，於是大家就會自然接近你了。最理想的狀態是，如果大家能夠互相讚美，那麼大家一定都會變得快樂，最後每個人都不再自卑，可以任意行動起來了。

其實，我太太以前就這麼對我做過。我一直都是自卑的化身，所以她才想要實驗看看：「如果一直稱讚這個人的話，最後會怎麼樣？」結果我整個人都好多了，我的親身經驗也讓我確定這是個很有效的方法。（順便一提，至今我太太依然凡事都會誇獎我，實在感激不盡！）

自卑感這個有點麻煩的情感，不管再怎麼嚴重，也可以透過自發性的行為逐漸改變。

總而言之，先就定位預備！

美國哈佛商學院實施的教育方針當中，有一個著名的架構是「Knowing」（**知識**）「Doing」（**操作**）「Being」（**自我意識**）。

在以前的年代，會特別將教育成本（時間和工夫）投注在「知識」上，所以要尋找精通某種知識的人，或是獲得那項知識的方法，總是需要花費龐大的勞力，甚至財力。

不過，現在只要上網搜尋一下，花不到一秒鐘就可以獲得知識了。比方說，想要知道殺魚的方法，以前必須上烹飪教室或者拜誰為師才行；現在卻只要上上網，就有一大堆影片給你看，然後你就會發現：「菜刀這樣切進去就好了嗎？」「原來這麼簡單啊！」

換言之，**「知識」的成本大幅暴跌，變成只要想做、沒有什麼事是做不到的**。而且還不用高額投資，透過分享就能獲得各式各樣的資訊，在電商平臺上購買的商品也能即日送達。

隨著「知識」的成本下降，「操作」的成本也嚴重下跌，所以今後就是決定好「自己的理想狀態」的願景，**盡量嘗試並從錯誤中學習的「操作」時代**了。

當然，這只是說可以做到各方面的「操作」，並不是非得要大量「操作」才行。如果能夠大膽專一地投入去做一件事，那也算是一種生活之道，倘若那就是你「理想中的樣子」，那就儘管那樣活下去吧。

既然那是你真正想要做的事，至於「是不是合乎時下潮流」的問題，根本就無關緊要。

好比說，如果你覺得自給自足的生活，符合「自己理想中的樣子」或是自己的幸福之道，就算是現在這個時代也可以做出這個選擇。畢竟這個世界上，還有一對夫妻完全脫離文明、在森林裡整整生活了7年（參見２０１８年1月6日、7日雜誌《COURRiER Japon》）

這對夫妻在報導發表當時，分別是63歲和33歲，他們就住在保加利亞的森林裡。他們開始過這種生活以前，在紐西蘭學過登山健行、急救治療、狩獵採集的技能，經歷了多種訓練。如今他們能夠在入夜的黑暗中清楚分辨四方，糧食用的獸肉則是靠著設置陷阱或用弓箭射殺動物取得。

但是，他們並沒有特別把原始時代的生活視為理想，他們依然需要現代社會和自由來去的生活型態，所以兩人偶爾會離開森林、到鎮上籌備最低限度的必需物資，再回到森林裡生活。

這種生活型態在數十年前必須拿性命來賭，如今卻只要透過電商平臺，就可以取得所有可以暫且安全生活的裝備。

真的，一切都取決於個人選擇。

你自由的選擇，會逐漸形塑你「理想中的樣子」——現在已經是這種時代了。為了達到「自我意識」的「知識」和「操作」的門檻，已經下降很多了。

所以，要先**「就定位預備」**。

假使你因為在意別人的想法、常識、時代，或是身處的氛圍來選擇自己的「操作」方式，反而會活得十分辛苦。

追根究柢，重要的是你想要怎麼活下去。

你真心想做的是什麼？

忠於「理想中的自己」，自主選出每一條人生的道路吧。

誠實面對自己現在想做的事

我現在最重視的是**「誠實面對自己現在想做的事」**。

因為我們目前的狀態，不可能一直維持到五年後、十年後。如此理所當然的事，或許沒有特地強調的必要，但是現實上，很多人會在不知不覺中受限於夢想、目標或是事業計畫。

我以前從來不會在新年訂立目標。當然我無意反駁那些會決定目標、踏實地倒數日子去實踐的人，我只是偶爾會突然想到：

「在五年前定義出明確的目標或方向的人，是如何看待現在的世界呢？」

他們眼中看見的，很有可能是完全出乎預料的世界吧。即使決定了「五年後要成為游走世界各國的商務人士」的目標，如今卻變成了因為疫情肆虐、根本無法東奔西走的世界。這麼一想，目標和計畫似乎不怎麼可靠的樣子。

雖然計畫可以保留彈性空間、不斷臨機應變，但要是認定「決定後就一定要達成」，執行決定好的事就會變成目的了。

我並不是要強調「今天不會重來」「活在當下」這麼極端的概念，我只是想問大多數的商務人士：「為了五年後忍住不做現在想做的事，你覺得這種日子開心嗎？」

我想說的是，如果你五年後會後悔「要是我當時我有多做一點某某事就好了」，那你大可享受「現在」就好了。

如果要忠於自己「現在想做的事」而活，必須「先做再想」。其實很多人都會在動手去做以前想得太多，擅自下了結論而放棄不做。

但**重要的還是「作法」**。

只要先試著去做、慢慢從錯誤中學習，通常最後都能夠找到最順利的方法。實際上，我之所以搬到海邊住，正是因為當時所想的「現在想做的事」。我一產生這個念頭，就立刻選了個好日子動手去做，先在另一個地方租屋，大約住了一個星期。

詳細的過程我就省略了，總之那時我遭遇了很多問題，所幸我因此領悟到了「住在海邊是什麼情形」「該選擇什麼樣的地點」。後來，我在房中事務上又遇上令人傻眼的糾紛，在這些試錯經驗的最後，我才終於有了現在這個海邊的住家。

實際上，「誠實面對現在的自己想做的事」，多半能比想像中更容易找到接近最佳方案的作法。所以，我希望可以有更多人知道這個事實。

平等對待，是最強的絕招

我再多談一件自身的經歷，是關於我在東京都內當事務所用的房子。我之所以能簽到這幢離我家不遠、又離車站超近的完美房子，是因為我有個交情不錯的房仲業者。雖說交情不錯，但我並不是別有用心才會去認識他，我們只是好幾年前、在牽狗出門散步時相遇的「愛狗同好」。

我突然想到「我記得那個人好像是做房仲的」，就聯絡他說：「我是那個牽狗的人，不曉得你記不記得？」結果他回我：「當然記得啊。」然後他告訴我：「我很清楚你的人品，我會幫你談看看有沒有還沒廣告出去的好房子。」

很多人聽完我的故事，都會說「你的『巧合』還真多啊。」不過，要是真的沒有前面這段鋪陳的話，事情也不會因為我打的算盤而有所進展。但是，我所做的也只是平常無論遇到誰，一律都平等對待而已。

然而，無法做到平等交流的人似乎還不少。好比說，我身邊幾乎所有女性，都在單獨搭計程車時有過不好的感受，像是才剛上車就被司機用不耐煩的語氣問：「去哪裡？」或是司機莫名其妙裝熟；對男性乘客根本不會展露的言行，在對象一換成女性後，就變得什麼都敢做了。

為了避免大家誤會，我猜應該只有少數計程車司機才會這樣吧。但這正是無法平等對待別人的典型。

也有人單純因為對方是外國人，態度就變得粗魯無禮。我的朋友當中，就有好幾個日本土生土長的混血兒，只是膚色、眼睛、髮色都和日本人不一樣，或是個子長得特別高，但他們明明沒做什麼，卻都曾經被別人用藐視的態度對待，或是被當成可疑人士。這顯然是受到「偏見」和「成見」矇蔽，不能算是平等的狀態（在世界各地都會發生這種事呢）。

從結論來說，**不願平等對待別人，就結果而言一點好處也沒有。反過來說，只要自己能做到平等，至少不會發生什麼壞事，又能提高發生好事的機率**。「巧合」總是很容易往好的方向發展。

我並不是主張自己的作法才正確無誤，這終歸只是一種結果論。

我覺得看對象改變自己的態度實在太麻煩了，所以從以前就會平等待人。結果，自然就發生了很多美好的際遇和事情。

價值觀比較傳統的老年人，似乎都不太喜歡我，還有人會明顯暴露出「這人為何不尊敬（在大企業上班的）我」的態度。可是在我看來，「你的態度就已經是答案了啊」……。

對等的交流，可以通往我非常重視的、心嚮往之、作為「個體」而活的生存之道。而我所說的作為「個體」的生存力量，並不是指在社會上「一個人獨自活下來的力量」。

我在2020年8月寫過一本書叫《個人力：任意而為的新常態工作法》（個人

力：やりたいことにわがままになるニューノーマルの働き方），這本書裡所提倡「個人力」的定義，是**各式各樣的人互助合作、快樂活下去的力量**。

而**培養「個人力」的過程，其實就是確立「理想中的自己」的過程**。

每個人最好都能作為「個體」活著，互相認同彼此的自由，不用高高在上的態度激怒別人或對人不耐，也不需要下屬的阿諛奉承，大家都能夠平等地互相尊重。

當有人意見相左時，最好每個人都願意先傾聽對方的解釋，努力去理解對方的立場。

我有預感，也期待這種態度會成為今後的時代主流，而且現在的我，也已經收穫了平等的行動日積月累後的結果。

尋找自己史上最棒的「新鮮事」

現在全世界正在大幅轉型，我認為，我們此時能做的，就是各自找出自己史上最棒的「新鮮事」。至於什麼才叫「新鮮事」，那要看各人的定義，只要**更積極、誠實**

地追求自己不曾嘗試過的新鮮體驗，何樂而不為呢。

實際上，姑且先不論做不做，像我如果善用住家位在九十九里濱這個好條件，或許就會想要挑戰衝浪吧（當然也可能不會挑戰）。衝浪雖然是很久以前就有的活動，但是對我來說卻是完全新奇的體驗。**只要儘管像這樣，去享受自己史上的「新鮮事」就好**了。

也可以透過接觸才剛問世不久的技術或思維，來追求「新鮮」。新鮮事就是還無人知曉的事，同時還具備了非常稀有的價值。所以在「新鮮」中發掘價值，也是一種方法。

仔細想想，**要是用「融合」的概念來看待目前世界的狀態，也可以說是處於一切都很新鮮的狀態**。因為疫情使全世界都受到制約，對絕大多數的人來說，這正是前所未有的體驗，而且經歷的時間還沒有很久。

所以，只要融合思考成「疫情（的制約）×〇〇」，很多事不就成了才剛出爐的新體驗或是創意點子嗎？

即便身處於現在這個悲觀的時刻，只要願意花心思，還是能夠將事情包裝出「新鮮感」。

不管再怎麼關注自己無法控制的事，也是徒勞無功。在自己可以控制的範圍內，進行各方面的嘗試。既然有制約條件，那就在制約條件下挑戰各種事情就好。重點是**如果有「我想要做」的事，就老老實實去做吧**。

這樣就能逐漸創造出自己史上最棒的「新鮮事」了。

這一切，全都可以連結到自己作為「個體」而活的部分。

不論是我還是你，都只是我們自己。**常識和社會共識、「現在的世界常態」，全都只是迎合自己身外評價的思維而已**。

比起這些，各位更需要注重的是，**站在「你本身怎麼想」的觀點，朝著「理想中的自己」穩定地實踐**。

現在的我，想讓20多歲的自己知道的事

追尋自己的存在，同時以平等的關係活下去，必然會開始關注自己所生存的社會。

我以前經常說，我認為「所有職業都是一種社會貢獻」。不必擺出「想要貢獻社會」的架勢，只要投入眼前的工作，就等於是為社會付出效益。

其中，作為我現在的天職、在我心中占據的比重很大的工作，是在教育領域。以前我曾經當過琉球大學的客座教授，後來又新接任武藏野大學的專任教師。另外，在我受邀去各地演講時，我還請主辦方幫忙籌備了集結國高中生的圓桌會議活動，盡可能製造機會與正值敏感年齡的孩子見面。

而我在活動裡告訴他們的，正是我想要讓學生時代的自己知道的事。

「你們可以有形形色色的生活方式。雖然父母或學校可能會對你們說三道四，但你們儘管活出自己理想中的樣子就好了。」

我想說的就是這句話。

我想破壞年輕世代心中常有的、過於整齊劃一的大人形象，並且在他們心中留下一個「記號」，讓他們在思考未來時可以有更多一點選擇，我就是用這種心情在做這些事。

世界的本質並不透明，除去天災之類的自然因素，相對平穩的時代算是延續得很長，大多數人都隱隱約約有「世界大概就是這麼一回事」的共識。

但是，疫情從根本上推翻了這個共識，原本不透明的狀態，現在全都揭露在我們面前。即使如此，**唯一不變的，就是「我活在這裡」的事實**。

當你在思考自己今後「該何去何從」時，是跟隨主流與世浮沉，還是朝著自己想要前進的方向，抑或是掙扎胡鬧著姑且走下去呢——

現在我們最需要的是捫心自問，是否能夠忠於自己想做的事、能夠自主做出這個選擇。

要做到這一點，首先還是需要主動理解「自主選擇生活方式」「這是自己主動做出的選擇」的價值觀。

然後，**允許自己這麼做**。

千萬別追問自己：「要是別人覺得我很奇怪怎麼辦？」

因為那並不能讓你幸福地活著。

放棄以他人的想法為重心

我現在覺得最幸福的時刻，就是我前面提到的，待在海邊的家裡，工作沒有滿檔、寧靜度過的時光。在資訊量極少的空間裡度日，思緒就能以清晰的狀態，促進專注於「操作」的良性循環。

如此一來，就能漸漸發掘自己的「自我意識」了。

我是那種只要跟別人關在同一個地方、做同一件事，就會覺得痛苦萬分的人。所以對我來說，不必選擇那種狀態的日子真的非常快活，這是可以充分了解自我的理想狀態。

現在，是每一個「操作」都可以輕易去做的時代。

既然如此，「不斷累積小小的挑戰」「持續輕輕揮棒」這些事，對某些人來說可能也會有做到很疲乏的時候。我覺得在這種時候，**安排稍微鬆口氣、解放自己的時間**非常重要。

就算是喜歡去辦公室、在大家鬧哄哄的地方上班，我也覺得完全沒問題。我只是想說，不必特意選擇這個選項也沒關係。別管身邊的人怎麼想，**始終都能做到「自主選擇」，才是幸福的生活之道**。

你已經差不多可以「放棄」迎合別人的想法了。

我希望能讓更多人盡量嘗試做出這個選擇，而且我相信這樣可以讓每一個人通往幸福。

因為時代總是混沌不明，所以我們最終才只能回歸到自身。本書用「沉沒成本」

作為關鍵字，傳遞了許多訊息，那各位要不要開始慢慢放棄「好不容易都已經堅持這麼久了」的心態呢？

堅持或許是項很重要的行為，但是當它蘊含了「勉強」「忍耐」「不假思索」這些要素時，意義就截然不同了。所以在推崇全勤獎的文化裡，才會將不論是感冒還是其他原因、也依然準時上學或上班的行為，視為值得讚揚的「努力」。然而，在這個經歷疫情肆虐的世界，這種行為豈不是愚蠢透頂了嗎?!

我自己也體會過堅持的威力，所以我很清楚。但是，**堅持並不代表「千萬不能中斷」**。

休息一下又有什麼關係。

稍事休息過後，或許要稍微花點時間才能恢復成以往的狀態，但是**各位應該可以憑著自己的意志，決定要不要享受這段恢復期**。

倘若隸屬於某個組織，難免就會覺得「上頭說的話不聽不行」，不過很顯然，上司說的話未必正確。從以前延續下來的常識、規範、成功經驗……被這些自己努力堅持至今的過去所束縛，讓它們變成沉沒成本、反過來逼死自己，那就真的太可惜了。

目標放在誠實地活出自己的幸福和「理想中的自己」，只要依自己的步調且走且停就好了。

放棄，會害自己視野狹隘是偏見

為了和自己喜歡的事物、珍重的事物一起活下去，最近我特別關注的關鍵字就是「寬廣」。

房間很寬廣，視野很寬廣，抬頭所見的天空很寬廣……我每天都能體會到，透過物理上的視野開闊的狀態，連思緒都能變得非常自由。我覺得，**視野變得寬廣，就結果而言是讓自己幸福的重要因素**。

理論上，就算不住在鄉下，也可以釋放自己的視野。**別在自己所屬的組織狹隘的**

價值觀下思考，而是要盡可能擁有「其他基準」。站在這個截然不同的觀點來看待事物，可以逐漸拓展自己的視野。

我現在居住的東京自家裡，也是盡量不放東西，保持視野清爽空曠的狀態。雖然住在都市總會接觸很多資訊量，但至少我在私底下可以過得比較放鬆，盡可能特意讓自己處於快樂的狀態。

讓自己擺脫各種沉沒成本，可以確保心靈的寬廣和自由。提醒自己平等待人，人際關係也會變得更寬廣。

世界非常「寬廣」——雖然現在要隨意遊歷世界各地，還不是那麼容易的事，不過，將自己的思緒從常識、規範、成功經驗當中釋放出來，接觸價值觀迴異的人群、慢慢拓展自己的世界，我相信不論何時、不論是誰都做得到。

拓展自己的視野活下去吧。
然後，不斷地將自己的所見所得轉化成行動。
在前方等著你的，就是能活出「理想自己」的，美好豐富的時光和體驗。

結語
走在自己設想的道路上

感謝各位願意閱讀這本書。

我寫這本書的現在，疫情相較於之前暫時趨緩了些，但全世界依然身處於新冠肺炎的風暴中。

除了商業慣例和商業模式以外，連同支撐社會的根本結構和個人的生活型態，儼然也都以強制的方式遭到重設。

轉向下一個無解時代的齒輪，顯然早已轉動起來了。

在這種狀況下，很多人都對現在的生活和將來感到焦慮不安，甚至有些人確實陷入了困境、或是做出了人生的重要決斷吧。本書專門替那群為每日工作和生活拚命努力的人提供線索，讓他們的人生可以從根本上改變，而且是更好的改變。

其中，「沉沒成本」是本書最重要的關鍵字。在不知不覺中成為你的負擔、將你的努力變得毫無意義的思維，以及越執著就越令人痛不欲生的行動——本書揭露的思考方法和具體的作法，能夠幫你消除這些在無意中背負的「沉沒成本」。

對你來說已經沒有必要的事，就「放棄」吧。這樣你的視野才會真正開闊起來。無論時代再怎麼變動，你也能夠自行控制，並且全心專注在重要的事物上，靠自己的力量開拓人生。於是，你就能更加接近「理想中的自己」。

這一切的力量泉源，早就已經內建在你的心中了。

你不再需要別人的評價，只要單純地全力以赴、在自己所設想的道路上前進。

願你能夠在這條道路的前方，獲得「充實的人生」。

最後，關於這本書的出版，我要謝謝用強大的毅力支持我這個廢物的日經ＢＰ出版社的宮本，總是鼓勵我、給我自信的製作人岩川，幫我分擔寫稿工作、編織出美妙言語的撰稿人辻本，還有一直在我身邊守護我的妻子奈緒，衷心感謝他們。

Eurasian Publishing Group
圓神出版事業機構
究竟出版社
Athena Press
www.booklife.com.tw reader@mail.eurasian.com.tw
New Brain 035

世界已經回不去了，學會放棄才有轉機

作　　者／澤　圓（Madoka Sawa）
譯　　者／陳聖怡
發 行 人／簡志忠
出 版 者／究竟出版社股份有限公司
地　　址／臺北市南京東路四段50號6樓之1
電　　話／（02）2579-6600・2579-8800・2570-3939
傳　　真／（02）2579-0338・2577-3220・2570-3636
總 編 輯／陳秋月
副總編輯／賴良珠
責任編輯／張雅慧
校　　對／張雅慧・林雅萩
美術編輯／林雅錚
行銷企畫／陳禹伶・鄭曉薇
印務統籌／劉鳳剛・高榮祥
監　　印／高榮祥
排　　版／杜易蓉
經 銷 商／叩應股份有限公司
郵撥帳號／18707239
法律顧問／圓神出版事業機構法律顧問　蕭雄淋律師
印　　刷／祥峰印刷廠
2022年6月　初版

定價 330 元　ISBN 978-986-137-370-6

就是現在！
突破限制、改善現狀、升級你的人生程式！
「如果◯◯的話，就可以解決／改善□□的問題」
是「駭客思維」最具體而微的描述。
本書帶領讀者一同反思在強調個人的數位時代，
如何與世界這個巨大的系統更和諧地共存。

——《駭客思維》

國家圖書館出版品預行編目資料

世界已經回不去了，學會放棄才有轉機／澤圓（Madoka Sawa）著；陳聖怡 譯. -- 初版. -- 臺北市：究竟出版社股份有限公司，2022.6
224 面；14.8×20.8 公分 --（New Brain；35）
譯自：「やめる」という選択
ISBN 978-986-137-370-6（平裝）

1. CST：自我實現　2. CST：人生哲學

177.2　　111005434